실담학(悉曇學) 학술총서(學術叢書) 01

종합 실담학 개론
綜合 悉曇學 概論.

-50자모(字母)부터 종자집(種子集), 반야심경(般若心經)까지-

고오석 高午錫 지음

si ddhāṃ

학자원

서문序文

쉼 없이 실담(悉曇)을 생각하고, 찾고, 공부하면서 보낸 결과물이 이제야 나오기 시작해서 흐뭇한 마음이지만, 여전히 부족함이 많다고 느껴지는 것은 공부하는 사람들의 마음인 것 같습니다. 부족한 실력으로 범어천자문(梵語千字文)과 범당소식을 끝냈을 때, 다시 새로운 실담학(悉曇學) 입문서를 만들라는 학자원의 김병환 사장님의 요청에 눈앞이 캄캄 했습니다. 어디서부터, 어떻게 해야 할까 수 없이 생각하고, 시도하고 전진하다 보니 5장으로 체계를 잡을 수가 있었습니다. 한국에 있다면 도서관이나 가까운 일본에서 실담학입문서를 구입해서 참고하면 되는데, 그런 것 없이 길을 가려니, 방법은 실담학 고전작품에서 힌트를 얻고, 공부하면서 어렵고, 잘못 이해했던 것들을 중심으로 쓰다보니 오히려 실담학의 전반을 잘 알게 되고, 정리가 되어서 김병환 사장님께 감사를 올리고 싶습니다.

종합 실담학개론은 5장으로 구성되어 있습니다. 제1장은 독자들의 가장 관심사인 자모(字母)를 이해하기 쉽게 50자모(字母)를 단어 중심으로 정리해서 자모가 변하는 원리를 독자들이 읽고 쓰다보면 절로 터득이 되게 했습니다. 대정신수대장경(大正新修大藏經)에 있는 실담자(悉曇字)를 구현하기 위해서 최대한 신경을 썼습니다. 보통 자모(字母)만 써주고, 넘어가는 방식으로는 외워지지도 않고, 비슷한 자모(字母)랑 혼동이 되어서 진도가 나아가지 않지만, 범어천자문(梵語千字文), 당범문자(唐梵文字), 범어잡명(梵語雜名)에서 실제 자모가 사용되는 용례(用例)를 적어놓았기에 독자들이 나중에 원전(原典)을 봐도 친숙해지리라고 생각합니다. 제2장은 실담자의 각종 자체(字

體)와 관련 문자들을 정리해서 독자들의 수준을 높이는데, 주안점을 두었습니다. 제3장은 징선화상(澄禪和尙)의 종자집(種子集)을 소개하고, 종자(種子)의 단어들을 찾아서 정리했습니다. 무심코 쓰던 단어들을 실담자로 아시게 되실 것입니다. 제4장은 석(釋) 방교(邦教)의 반야심경(般若心經)을 범한대사전(梵漢大辭典)과 적원운래(荻原雲來) 선생님의 범한대역(梵漢對譯) 불교사전(佛教辭典) 번역명의대집(飜譯名義大集)을 참조하여 정리했습니다. 알파벳만 있는 번역명의대집(飜譯名義大集)의 어휘들을 실담자(悉曇字)로 선보여서 어휘향상에 큰 도움이 되리라고 생각합니다. 제5장은 정엄화상(淨嚴和尙)께서 풀어놓으신 반야심경(般若心經)과 존승다라니(尊勝陀羅尼)를 패엽경(貝葉經)과 대조해서 풀었습니다. 자체(字體)가 좀 다르다 보니, 독자들이 이체자(異體字)들을 더 이해하게 될 것입니다.

책은 제가 썼지만, 먼저 공부하신 수많은 선학(先學)들의 도움으로 가능했습니다. 특히 대장경(大藏經)의 원전(原典)과 사전이 없었으면 불가능 했습니다. 적원운래(荻原雲來) 선생님의 범화대사전(梵和大辭典), 범한대역(梵漢對譯) 불교사전(佛教辭典) 번역명의대집(飜譯名義大集), 임광명(林光明) 선생님의 범한대사전(梵漢大辭典), 밀교대사전(密教大辭典)의 중요성만큼은 이루 말할 수가 없습니다. 수십 년의 노력으로 이루어진 사전들입니다. 그러한 노력이 있었기에 일본과 대만은 실담학이 발달해 있지만, 우리의 현실은 미미하기만 합니다. 그래도 국력이 커지고, 사람들의 관심의 모아지고 있어서 다행이라고 생각합니다. 시대가 실담문자(悉曇文字)를 요청하는게 아닌가 하고 생각합니다. 실담문자(悉曇文字)를 배우고 익혀서, 지혜(知慧)의 보고(寶庫)인 대장경(大藏經)을 연구하고 알게 된다면 국가의 수준도 한층 높아지리라고 생각이 듭니다. 알파벳만 써져있는 사전들이 언젠가는 실담자로 표기가 되어서 나왔으면 하는 바램 간절합니다. 종합 실담학개론과 앞으로 나올 실담학 학술총서가 그 밑거름이 되어 주었으면 하는 마음입니다. 독자들과 국민들의 많은 관심과 성원을 부탁드립니다.

한국을 떠나면서 아버지께 공부하러 간다고 말했던 지난 일이 생각납니다. 지금의 제가 있게 해준 부모님과 조상님의 은덕에 감사드리며, 언제나 곁에서 보살펴주고 격려해준 아내에게 공로를 돌리고 싶습니다. 아내덕분으로 학문의 성과를 이루었고, 마음으로 지지해준 자식들과 항상 막내 동생을 믿어주고 지원해준 형님들 덕분에 이 어려운 집필을 가능케 했습니다. 공부를 위해서 필요한 책들을 자신들 가방이 무거운데도 불평 없이 가져다주신 김민제, 김보송, 김동훈, 류인숙, 최하영, 김건섭, 모두투어 인솔자님들께 진심으로 감사인사 올립니다. 여러 가지로 도움을 주신 임지선, 심명호, 주영은 가이드에게 감사드리고, 범한대사전(梵漢大辭典), 밀교대사전(密教大辭典)을 대만에서 구해주신 Liching(王麗勤)선생님의 공로에 감사드리며, 머나먼 이곳까지 노트북을 가져다 주셔서 작품이 나올 수 있게 해주신, 실담범자의 최고 권위자이신 법륜사의 법헌스님, 문자학의 세계를 열어주신 시습학사의 이충구 선생님, 한자와 한글의 세계를 열어주신 조옥구 선생님, 언어의 세계에 발을 딛게 해주신 강상원 박사님, 가장 힘겹고 어려운 시절 도와준 벗인 채수학, 윤철준에게 감사를 드리며, 코로나 여파로 이곳 스페인을 비롯한 유럽의 경제가 최악의 상황인 이 엄중하고 혹독한 시절에 종합 실담학개론이 세상에 나오도록 김태수 선생님을 비롯하여 많은 분들이 후원해주셨습니다. 후원해주신 모든 분들께 감사 인사드립니다.

요즘같이 어려운 시절에 우리 고전작품을 지키고, 출판하시고 보급하시는데 여념이 없으신 학자원 김병환 사장님, 도움을 주신 많은 분들에게 진심으로 감사를 드리는 바입니다.

국운이 상승하는 이 중요한 역사적인 전환기에 이 저서가 나라 학문 창달을 위한 밑거름이 되었으면 하는 바램입니다.

2020년 4월 15일.

스페인 바르셀로나에서
저자 고오석 記

목차目次

❄ 서문

제1장
50자모(字母)

제2장

다양한 실담자체(悉曇字體)와 관련문자(文字)들

제3장

種子集

제4장

梵本心經 ······················ 164

제5장

心經梵本, 尊勝陀羅尼 ·· 219

✿ 제 1장 50字母.

☼ 𑖭𑖰𑖟𑖿𑖠𑖰 𑖨𑖭𑖿𑖝𑖲.
☼ sidhi rastu.
☼ 成就 吉祥.

☼ 𑖡𑖦 𑖭𑖨𑖿𑖪 𑖗𑖿𑖖𑖧 𑖭𑖰𑖟𑖿𑖠𑖯𑖽.
☼ nama sarva jñaya siddhāṃ.
☼ 歸命 一切 智 成就.

실담학(悉曇學)의 중요한 서적인 안연대사(安然大師)의 실담장(悉曇章)과 정엄화상(淨嚴和尙)의 𑖭𑖰𑖟𑖿𑖠𑖯𑖽siddhāṃ삼밀초(三密鈔)에 나오는 위의 구절들처럼, 𑖭𑖰𑖟𑖿𑖠𑖯𑖽 siddhāṃ 실담(悉曇)은 성취를 의미합니다. 공부하시는 모든 분들의 소원성취를 바라는 마음입니다. 산스크리트어를 공부하시는 분도 많아지고, 독자들의 관심도 높아지는 현실에 발맞추어 범어천자문(梵語千字文)과 범당소식(梵唐消息)을 풀었지만, 아직 많은 분들이 실담범자(悉曇梵字) 자체를 모르는 현실이라, 그 동안의 의문과 경험을 바탕으로 중요한 고전(古典)과 풀어놓은 범어천자문(梵語千字文)과 범당소식(梵唐消息)을 인용해서 설명하다 보면 독자들도 실담학(悉曇學)과 우리 고전(古典)의 세계에 매료가 될 것이라고 생각이 듭니다.

실담범자(悉曇梵字)도 한자(漢子)와 마찬가지로 형(形)과 음(音)이 대단히 중요합니다. 범자(梵字)는 여러 자체(字體)가 있습니다. 일반적으로 산스크리트어라고 하면 힌디어 글자체를 떠올리는게 현실이고, 천성체(天城體) 혹은 데바나가리체라고 하는데, 실담범자(悉曇梵字)와도 유사합니다. 그렇지만, 이 데바나가리체로는 대장경에 있는 진언(眞言)이나 실담범자(悉曇梵字)를 읽을수가 없습니다. 실담범자(悉曇梵字)의 중요성을 인지하시고 먼저 50자모(字母)로 들어가겠습니다.

Ⅰ. mātṛkā 마다(摩多).

1. a, 2. ā, 3. i, 4. ī, 5. u,
6. ū, 7. e, 8. ai, 9. o, 10. au,
11. aṃ, 12. aḥ.

Ⅱ. vyasta-mātṛkā 별마다(別摩多).

13. ṛ, 14. ṝ, 15. ḷ, 16. ḹ.

Ⅲ. vyañjana 체문(體文).

17. ka, 18. kha, 19. ga, 20. gha, 21. ṅa,
22. ca, 23. cha, 24. ja, 25. jha, 26. ña,
27. ṭa, 28. ṭha, 29. ḍa, 30. ḍha, 31. ṇa,
32. ta, 33. tha, 34. da, 35. dha, 36. na,
37. pa, 38. pha, 39. ba, 40. bha, 41. ma,
42. ya, 43. ra, 44. la, 45. va, 46. śa,
47. ṣa, 48. sa, 49. ha.

Ⅳ. 중자(重字).

50. llaṃ, 51. kṣa.

50자모(字母)를 쓰고, 외우는 일이 중요하며 특히 자모를 쓰면서 옆에 있는 알파벳 발음을 같이 써 주는게 매우 중요합니다. 아직 한국 표준 발음이 정립되지 않은 현실이라 국제표준발음 표기로 대신 합니다.

유사한 발음들이 많기에 알파벳 표기를 해주면 혼란을 피할수 있습니다. 당나라 혜림(慧琳)의 일체경음의(一切經音義)에 보면 "又音雖南北義無差別"이라고 되어 있습니다. 예전에는 한자(漢字)로 발음을 표기했기 때문에 각 나라마다 표기가 다르고 학자들간에도 이견이 많아서 공부하는 입장에서 어렵지만, 국제적인 알파벳 표기를 같이 공부하고 표기 하다보면 체계가 잡혀서 훨씬 쉽다는 것을 알게 되실 것입니다.

마다(摩多) mātṛkā는 우리의 모음에 해당됩니다. 체문(體文)의 자모(字母)를 보면 모두 a발음을 가지고 있습니다. 체문(體文)의 자모(字母)들은 마다(摩多)의 기본 발음으로 변합니다. 예(例)를 들면서 설명하겠습니다.

1. a.

필순(筆順)

大正新脩大正藏經 번호 880번에 瑜伽金剛頂經釋字母品-a 阿(上)字門一切法本不生故.

✿ 梵語千字文 22번 來 aiśa 阿伊舍.

a의 이체자(異體字) 입니다.

이렇게 처음에 a는 표기가 되지만, aiśa처럼 끝에 a는 알파벳으로는 표기가 되지만, śa 이기에 알파벳으로만 공부하면 범자(梵字)의 묘미를 알 수가 없으니 꼭 범자(梵字)와 알파벳표기를 터득하시기 바랍니다. 그러면 나중에 범자(梵字)만 보고도 알파벳 표기가 저절로 되며, 알파벳 표기를 보고 범자(梵字)를 쓸 수 있는 능력이 생깁니다.

ka, kha, ga, gha, ṅa,

ca, cha, ja, jha, ña,

ṭa, ṭha, ḍa, ḍha, ṇa,

ta, tha, da, dha, na,

pa, pha, ba, bha, ma,

ya, ra, la, va, śa,

ṣa, sa, ha, kṣa

이렇게 ka에서 kṣa까지는 a음가를 가지고 있습니다. a의 이체자(異體字)입니다. 글자의 형태가 유사하니 공부하시다 보면 이체자(異體字)들도 묘미를 느낄 수 있습니다. 대정신수대장경(大正新脩大藏經) 84권 실담장제칠(悉曇章卷第七)-434page에 아래 구절을 읽어보면 a자(字)의 중요함을 알수가 있습니다. “經云 謂阿字門一切法本不生故. 阿字是一切法教之本. 凡最初開口之音. 皆有阿聲. 若離阿聲. 則無一切言說. 故爲衆聲之母.”

2. ā.

필순(筆順)

✿ 梵語千字文 262번 抽 ākarṣa 阿(引)羯羅灑.

瑜伽金剛頂經釋字母品-ā 阿(引去)字門一切法寂靜故.

ā의 이체자(異體字) 입니다.

ā는 장음의 ā이며, ā는 a와 마찬가지로 ā도 처음에는 표기가 되지만, 체문(體文)에서는 □ 이렇게 표기된다.

kā, khā, gā, ghā, ṅā,

cā, chā, jā, jhā, ñā,

ṭā, ṭhā, ḍā, ḍhā, ṇā,

tā, thā, dā, dhā, nā,

pā, phā, bā, bhā, mā,

yā, rā, lā, vā, śā,

ṣā, sā, hā , kṣā.

여기서 주의할 사항은 jā, jhā, ñā, ṭā, ṇā 는 글씨가 길어지면서 파도를 그린다는 점이다. 쓰다보면 참으로 매력있는 범자(梵字) 임을 알 수가 있다.

3. i.

필순(筆順)

✿ 梵語千字文 412번 蔗 ikṣu 伊乞蒭(二合).

✿ (No. 2133A 梵語千字文 1192page 405번 蔗 ikṣu).

i 와 i를 잘 비교해 보시기 바랍니다.

瑜伽金剛頂經釋字母品- i 伊(上)字門一切法根不可得故.

i의 이체자(異體字) 입니다.

i를 생략하여 써서, 글이 시작할 때 사용합니다.

체문(體文)에서는 이렇게 표기됩니다.

ki, khi, gi, ghi, ṅi,

ci, chi, ji, jhi, ñi,

ṭi, ṭhi, ḍi, ḍhi, ṇi,

ti, thi, di, dhi, ni,

pi, phi, bi, bhi, mi,

yi, ri, li, vi, śi,

ṣi, si, hi, kṣi.

범어천자문(梵語千字文) 677번 寫 likha 理佉(上) 에서처럼 =li가 표기된다. =ni도 이렇게 표기된다. 가급적이면 대장경원문(大藏經原文)의 범자(梵字)들을 많이 봐야한다. 그래야 글자를 보는 능력들이 키워진다.

4. ī.

필순(筆順)

✿ 梵語千字文 790번 豈 īcha 伊(引)縒.

ī는 장음의 ī입니다.

瑜伽金剛頂經釋字母品- ī 伊(引去)字門一切法災禍不可得故.

ī의 이체자(異體字) 입니다.

실담범자(悉曇梵字)가 많이 있는 대정신수대장경(大正新脩大藏經) 사휘부(事彙部)에서는 이체자(異體字)인 ī가 사용됨을 볼 수가 있습니다.

ī가 체문(體文)에서는 이렇게 표기된다.

kī, khī, gī, ghī, ṇī,

cī, chī, jī, jhī, ñī,

ṭī, ṭhī, ḍī, ḍhī, ṇī,

tī, thī, dī, dhī, nī,

pī, phī, bī, bhī, mī,

yī, rī, lī, vī, śī,

ṣī, sī, hī, kṣī.

범어천자문(梵語千字文) 574번 吟 gīti 儗(研以反)底 에서는

gī가 gī 표기되어서 눈에 잘 보입니다.

5. u.

필순(筆順)

✿ 梵語千字文 188번 啓 udghaṭa 烏娜伽(二合)吒.

❁ (No. 2133A 梵語千字文 1191page 184번 啓 uṅghaṭa).

u의 이체자(異體字) 입니다.

瑜伽金剛頂經釋字母品- u 塢字門一切法譬喩不可得故.

u는 대정신수대장경(大正新脩大正藏經) 사휘부(事彙部)에서 u로도 많이 사용됩니다. 대정신수대장경(大正新脩大藏經) 번호 2135 범어잡명(梵語雜名)에서 볼 수 있습니다. u는 체문(體文)에서 이렇게 표기된다. 앞에서 설명했던 a, ā, i, ī 보다는 다양하게 표기된다.

ku, khu, gu, ghu, ṅu,

cu, chu, ju, jhu, ñu,

ṭu, ṭhu, ḍu, ḍhu, ṇu,

tu, thu, du, dhu, nu,

pu, phu, bu, bhu, mu,

yu, ru, lu, vu, śu,

ṣu, su, hu, kṣu.

6. ū.

필순(筆順)

✿ 梵語千字文 954번 腟 urū 汚嚕(引),

✿ 唐梵文字 365번 肱 ūrū.

ū의 이체자(異體字) 입니다.

瑜伽金剛頂經釋字母品- ū 汙(引)字門一切法損減不可得故.

ū는 체문(體文)에서 이렇게 표기된다.

ū는 장음의 ū입니다.

kū, khū, gū, ghū, ṅū,

cū, chū, , jū, jhū, ñū,

ṭū, ṭhū, ḍū, ḍhū, ṇū,

tū, thū, , dū, , dhū, nū,

, pū, phū, bū, bhū, , mū,

yū, rū, lū, vū, śū,

ṣū, , sū, , , hū, kṣū.

7. e.

필순(筆順)

✿ 梵語千字文 936번 一 eka 噎迦(上).

e의 이체자(異體字) 입니다.

瑜伽金剛頂經釋字母品- e 曀字門一切法求不可得故.

e는 체문(體文)에서 이렇게 표기된다.

ke, khe, ge, ghe, ṅe,

ce, che, je, jhe, ñe,

ṭe, ṭhe, ḍe, ḍhe, ṇe,

te, the, de, dhe, ne,

pe, phe, be, bhe, me,

ye, re, le, ve, śe,

ṣe, se, he, kṣe.

8. ai.

필순(筆順)

ai의 이체자(異體字) 입니다.

瑜伽金剛頂經釋字母品- ai 愛字門一切法自在不可得故.

ai는 체문(體文)에서 이렇게 표기된다.

kai, khai, gai, ghai, ṅai,

cai, chai, jai, jhai, ñai,

ṭai, ṭhai, ḍai, ḍhai, ṇai,

tai, thai, dai, dhai, nai,

pai, phai, bai, bhai, mai,

yai, rai, lai, vai, śai,

ṣai, sai, hai, kṣai.

9. o.

필순(筆順)

✿ 梵語千字文 896번 脣 uṣṭa 汚瑟吒(二合).

梵和大辞典 304 oṣṭha 脣.

o의 이체자(異體字) 입니다.

瑜伽金剛頂經釋字母品-o 汚字門一切法瀑流不可得故.

o는 체문(體文)에서 이렇게 표기된다.

ko, kho, go, gho, ṅo,

co, cho, jo, jho, ño,

ṭo, ṭho, ḍo, ḍho, ṇo,

to, tho, do, dho, no,

po, pho, bo, bho, mo,

yo, ro, lo, vo, śo,

ṣo, so, ho, kṣo.

10. au.

필순(筆順)

au의 이체자(異體字) 입니다.

瑜伽金剛頂經釋字母品-au 奧字門一切法化生不可得故.

au는 체문(體文)에서 이렇게 표기된다.

kau, khau, gau, ghau, ṇau,

cau, chau, jau, jhau, ñau,

ṭau, ṭhau, ḍau, ḍhau, ṇau,

tau, thau, dau, dhau, nau,

pau, phau, bau, bhau, mau,

yau, rau, lau, vau, śau,

ṣau, sau, hau, kṣau.

11. aṃ.

필순(筆順)

✿ 梵語千字文 934. 腸 aṃttra 盎怛羅(二合).

aṃ의 이체자(異體字) 입니다.

瑜伽金剛頂經釋字母品-aṃ 暗字門一切法邊際不可得故.

aṃ은 체문(體文)에서 □̇ □̇ 이렇게 표기된다.

kaṃ, khaṃ, gaṃ, ghaṃ, ṅaṃ,

caṃ, chaṃ, jaṃ, jhaṃ, ñaṃ,

ṭaṃ, ṭhaṃ, ḍaṃ, ḍhaṃ, ṇaṃ,

taṃ, thaṃ, daṃ, dhaṃ, naṃ,

paṃ, phaṃ, baṃ, bhaṃ, maṃ,

yaṃ, raṃ, laṃ, vaṃ, śaṃ,

ṣaṃ, saṃ, haṃ, kṣaṃ.

12. aḥ.

필순(筆順)

✿ 梵和大辭典 1 aḥ-kāra 阿字().

aḥ의 이체자(異體字) 입니다.

瑜伽金剛頂經釋字母品-aḥ 惡字門一切法遠離不可得故.

aḥ는 체문(體文)에서 □: 이렇게 표기된다.

kaḥ, khaḥ, gaḥ, ghaḥ, ṅaḥ,

caḥ, chaḥ, jaḥ, jhaḥ, ñaḥ,

ṭaḥ, ṭhaḥ, ḍaḥ, ḍhaḥ, ṇaḥ,

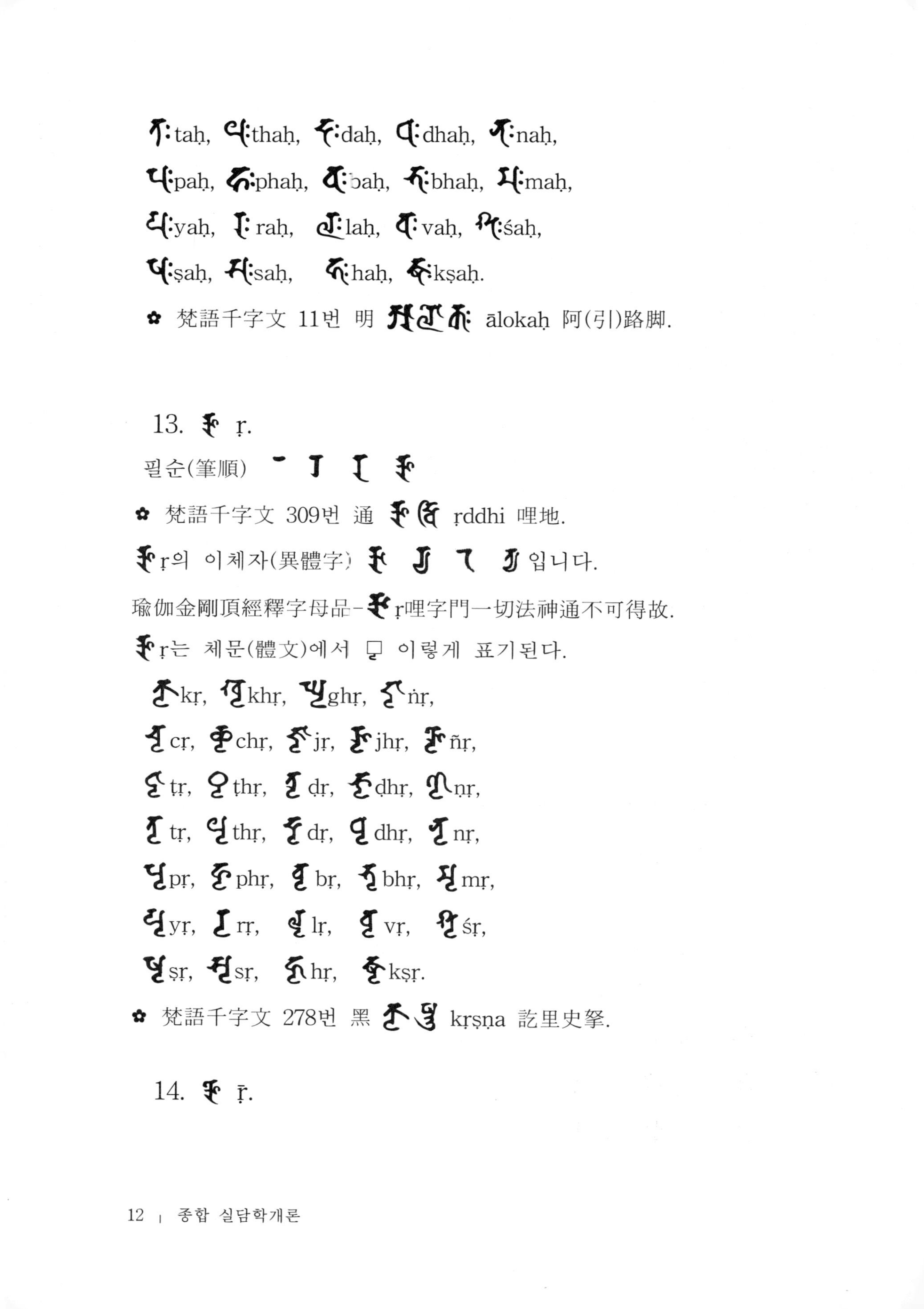

taḥ, thaḥ, daḥ, dhaḥ, naḥ,

paḥ, phaḥ, baḥ, bhaḥ, maḥ,

yaḥ, raḥ, laḥ, vaḥ, śaḥ,

ṣaḥ, saḥ, haḥ, kṣaḥ.

✿ 梵語千字文 11번 明 ālokaḥ 阿(引)路脚.

13. ṛ.

필순(筆順)

✿ 梵語千字文 309번 通 ṛddhi 哩地.

ṛ의 이체자(異體字) 입니다.

瑜伽金剛頂經釋字母品-ṛ哩字門一切法神通不可得故.

ṛ는 체문(體文)에서 이렇게 표기된다.

kṛ, khṛ, ghṛ, ṅṛ,

cṛ, chṛ, jṛ, jhṛ, ñṛ,

ṭṛ, ṭhṛ, ḍṛ, ḍhṛ, ṇṛ,

tṛ, thṛ, dṛ, dhṛ, nṛ,

pṛ, phṛ, bṛ, bhṛ, mṛ,

yṛ, rṛ, lṛ, vṛ, śṛ,

ṣṛ, sṛ, hṛ, kṣṛ.

✿ 梵語千字文 278번 黑 kṛṣṇa 訖里史拏.

14. ṝ.

필순(筆順)

ṝ의 이체자(異體字) 입니다.

瑜伽金剛頂經釋字母品- ṝ哩引字門一切法類例不可得故.

ṝ는 체문(體文)에서 이렇게 표기된다.

kṝ, khṝ, gṝ, ghṝ, ṅṝ,

cṝ, chṝ, jṝ, jhṝ, ñṝ,

ṭṝ, ṭhṝ, ḍṝ, ḍhṝ, ṇṝ,

tṝ, thṝ, dṝ, dhṝ, nṝ,

pṝ, phṝ, bṝ, bhṝ, mṝ,

yṝ, rṝ, lṝ, vṝ, śṝ,

ṣṝ, sṝ, hṝ, kṣṝ.

15. ḷ.

ḷ의 이체자(異體字) 입니다.

瑜伽金剛頂經釋字母品- ḷ 呂字門一切法染不可得故.

16. ḹ.

필순(筆順)

ḹ의 이체자(異體字) 입니다.

瑜伽金剛頂經釋字母品- ḹ 嚧字門一切法沈沒不可得故.

17. ka.

필순(筆順)

✿ 梵語千字文 241번 筆 kalāma 迦攞(引)摩.

ka의 이체자(異體字) 입니다.

瑜伽金剛頂經釋字母品- ka 迦(上)字門一切法離作業故.

앞에 언급한 2-14번에서 보여준 변화형처럼 ka가 변화합니다.

kā, ki, kī, ku, kū,

ke, kai, ko, kau, kaṃ,

kaḥ, kṛ, kṝ.

✿ 梵語千字文 233번 紙 kākali 迦(引)迦哩.

✿ 梵語千字文 488번 棲 ekākīmukta 曀迦(引)枳穆多.

✿ 梵語千字文 468번 瓮 kumbha 君(上)婆(上).

✿ 梵語千字文 169번 積 kūṭa 俱(引)姹(上).

✿ 梵語千字文 476번 條 ekeka 曀計迦

✿ 梵語千字文 447번 梳 kaṃkada 兢迦娜.

✿ 梵語千字文 457번 倉 koṣṭika 俱瑟耻(二合)迦.

이렇게만 변화형이 있다면, 별 문제가 없겠지만, 세상에 발음이 무궁하니 당연히 실담범자(悉曇梵字)의 변화형도 무궁무진해서 처음 공부하시는 분들이 어렵다고 생각하게 되지만, 변화의 규칙을 알게되면 매우 쉽다는 것을 알게 되실 것입니다.

17번 ka부터 51번 kṣa까지 중첩(重疊)하여 사용합니다. (50번 llaṃ예외).

ka의 상부(上部)는 이런 형태로 , 하부(下部)는 표현한다.

✿ 梵語千字文 105번 喚 hakkara 郝迦(引)囉.

ka+ka를 하면 kka로 표기된다.

✿ 梵語千字文 352번 進 krama 訖羅(二合)摩.

ka+ra를 하면 kra로 표기된다.

✿ 梵語千字文 848번 惱 kleśa 訖隷(二合)奢.

ka+le를 하면 kle로 표기된다.

✿ 梵語千字文 192번 能 śakya 舍枳也(二合).

ka+ya를 하면 kya로 표기된다.

✿ 梵語千字文 690번 當 tatkāla 怛得迦(二合)(引)攞.

ta+kā를 하면 tkā로 표기된다.

✿ 梵語千字文 510번 池 puṣkalaṇī 補灑迦(二合)攞抳.

ṣa+ka를 하면 ṣka토 표기된다.

✿ 唐梵文字 600번 鷄 kukkuṭa.

ka+ku를 하면 kku르 표기된다.

✿ 唐梵文字 1100번 至 kkā.

ka+kā를 하면 kkā로 표기된다.

✿ 梵唐消息 42번 塼 parkiṭa 博佉吒.

ra+ki를 하면 rki로 표기된다.

✿ 梵語千字文 521번 勤 udyukta 嗢儞庾(二合)迦多.

ka+ta를 하면 kta로 표기된다.

✿ 梵語雜名 77번 護 skṛ 娑紇㗚.

sa+kṛ를 하면 skṛ로 표기된다.

✿ 梵語千字文 284번 辭 vak 嚩迦(半音).

ka가 半音 k로 끝날때는 k로 표기된다.

범자(梵字)가 나열된 문자표를 쓰다보면 지루해서 잘 외워지지 않지만, 이렇게 단어를 계속 쓰다보면 자기도 모르게 저절로 외우게 되며, 많은 범자(梵字)단어가 있는 범어천자문(梵語千字文), 범당소식(梵唐消息), 당범문자(唐梵文字), 범어잡명(梵語雜名)의 가치를 알게되며, 또한 필자(筆者)가 같은 자(字)들을 모아서 풀이한 범어천자문(梵語千字文)은 여러분의 범자(梵字) 실력 향상에 큰 도움을 줄 것입니다.

18. kha.

필순(筆順)

✿ 梵語千字文 265번 片 khaṃu 釰塢.

✿ (No. 2133A 梵語千字文 1191페이지 261번 片 khaṇḍa).

kha의 이체자(異體字) 입니다.

瑜伽金剛頂經釋字母品-kha 佉(上)字門一切法等虛空不可得故.

앞에서 언급한 kha의 변화형입니다.

khā, khi, khī, , khu, khū,

khe, khai, kho, khau, khaṃ,

khaḥ, khṛ, khṝ.

✿ 梵唐消息 130번 書 rikha 里佉.

✿ 梵語千字文 識語 27번 寫 likhita.

✿ 梵語千字文 52번 書 lekhaḥ 隸佉(入).

✿ 梵語雜名 18번 面 mukhaṃ 母騫.

梵漢大辭典 593page khārī 石, 斛.

梵漢大辭典 594page kheda 苦, 患.

梵漢大辭典 595page khīla 杵.

梵漢大辭典 595page khola 冠.

梵漢大辭典 595page khura 蹄.

kha 기본형 변화 어휘가 부족해 범한대사전(梵漢大辭典)에 있는 단어들을 인용했습니다. 범한대사전(梵漢大辭典)이나 범화대사전(梵和大辭典)은 실담범자(悉曇梵字)가 없지만, 알파벳 표기를 참조하면 실담범자(悉曇梵字)를 구현할 수가 있습니다.

kha는 중첩자에서 상부(上部)는 , 하부(下部)는 , 표기된다.

✿ 梵語千字文 231번 愚 murkha 母(引)囉佉(二合).

ra+kha를 하면 rkha로 표기된다.

✿ 梵語千字文 779번 說 vyakhyāna 弭也(二合)佉也(二合)(引)曩.

kha+yā를 하면 khyā로 표기된다.

글자가 중첩되어 사용할 경우 상부(上部)의 문자는 대부분 축약되어 변화가 별로 없지만, 하부(下部)의 문자는 변화의 기본형을 표기할 수 있다. 이론상 문자표기가 어마어마 해서 어려울 것 같지만, 실제 단어를 쓰면서 공부하다 보면, 빈도수가 높은 문자들이 많다는 것을 알게 되니, 많이 써보는 방법이 최고로 좋은 비결인 셈이다.

19. ga.

필순(筆順)

✿ 梵語千字文 259번 幽 gambhīra 儼毘(引)羅.

ga의 이체자(異體字) 입니다.

瑜伽金剛頂經釋字母品-ga 誐(上)字門一切法行不可得故.

앞에서 언급한 ga의 변화형입니다.

gā, gi, gī, gu, gū,

ge, gai, go, gau, gaṃ,

gaḥ, ghṛ, gṝ.

✿ 梵語千字文 449번 牛 gāva 誐(引)嚩.

✿ 梵語千字文 638번 巘 girimurva 儗哩沒(引)馱.

✿ 梵語千字文 574번 吟 gīti 儗(研以反)底.

✿ 梵語千字文 131번 重 guru 虞嚕.

✿ 梵語千字文 141번 謹 gorava 虞(魚嬌反)囉嚩.

✿ 梵語千字文 458번 庫 gaṃja 獻惹.

✿ 梵語千字文 610번 舍 gṛha 仡哩(二合)賀(上).

✿ 唐梵文字 879번 藏 gṛṃhi.

ga가 다른 문자와 결합되는 단어들을 보겠습니다. ga는 중첩자에서 상부(上部)는 , 하부(下部)는 로 표기된다.

✿ 梵語千字文 313번 結 gracha 仡羅(二合)蹉.

ga+ ra를 하면 gra로 표기된다.

✿ 梵語千字文 354번 翼 phargunapakṣa 發虞曩博乞叉(二合).

ra+gu를 하면 rgu로 표기된다.

✿ 梵語千字文 500번 著 lagna 攞仡曩(二合).

ga+ na를 하면 gna 로 표기된다.

✿ 梵語千字文 610번 梨 ṭaṅga 吒(吒降反)誐.

ṅa+ga를 하면 ṅga로 표기된다.

✿ 梵語千字文 595번 折 bhagga 畔誐(重).

ga+ga를 하면 gga로 표기된다.

✿ 梵唐消息 176번 火 agni 阿疑儞(二合).

ga+ni를 하면 gni로 표기된다.

✿ 梵語雜名 1052번 太刀 kharga 竭誐.

ra+ga를 하면 rga로 표기된다.

✿ 梵語雜名 1122번 鑰匙 pgitra 鬧疑(二合)怛羅.

pa+gi를 하면 pgi로 표기된다.

20. gha.

필순(筆順)

✿ 梵語千字文 467번 坧 ghaṭa 伽(上)吒.

gha의 이체자(異體字) 입니다.

瑜伽金剛頂經釋字母品-gha 伽(去引)字門一切法一合不可得故.

앞에서 언급한 gha의 변화형입니다.

ghā, ghi, ghī, ghu, ghū,

ghe, ghai, gho, ghau,

ghaṃ, ghaḥ, ghṛ, ghṝ.

✿ 梵唐消息 187번 笙 sughāṣaka 索伽沙迦.

✿ 梵語千字文 687번 輕 laghuka 攞具迦.

✿ 梵語雜名 584번 蘇 ghṛta 伽里(二合)多.

gha가 다른 문자와 결합되는 단어들을 보겠습니다. gha는 중첩자에서 상부(上部)는 , 하부(下部)는 로 표기된다.

✿ 梵語千字文 37번 貴 mahargha 摩曷伽.

ra+gha를 하면 rgha로 표기된다.

❁ (No. 2133A 梵語千字文 1192페이지 493번 着 laghna).

gha+를 하면 ghna로 표기된다.

✿ 梵語千字文 859번 催 śīghrū 施伽路(二合).

gha+ rū를 하면 ghrū로 표기된다.

✿ 梵語千字文 865번 處 sghāna 娑伽(二合)(引)曩.

sa+ghā를 하면 sghā로 표기된다.

✿ 梵語千字文 956번 蹲 ja ṅgha 攘伽(上).

ṅa+gha를 하면 ṅgha로 표기된다.

✿ 梵唐消息 34번 醜 aghrīsādika 阿伽里娑姪迦.

gha+rī를 하면 ghrī로 표기된다.

✿ 梵唐消息 75번 急 kṣighra 乞史(二合)伽羅(二合).

gha+ ra를 하면 ghra로 표기된다.

✿ 梵語雜名 49번 腕 jadghā 穰迦.

da+ghā를 하면 dghā로 표기된다.

21. ṅa.

필순(筆順)

ṅa의 이체자(異體字) 입니다.

瑜伽金剛頂經釋字母品-ṅa 仰(鼻呼)字門一切法支分不可得故.

앞에서 언급한 ṅa의 변화형입니다.

ṇā, ṅi, ṅī, ṅu, ṅū,

ṅe, ṅai, ṅo, ṅau, ṅaṃ,

ṅaḥ, ṅṛ, ṅṝ.

ṅa는 ṅga가 많이 보이는데, 다른 용례는 좀 드물게 나온다.

ṅa는 중첩자에서 상부(上部)는 , 하부(下部)는 로 표기된다.

✿ 梵語千字文 580번 凶 amaṅgalya 阿瞢誐里也(二合).

ṅa+ga를 하면 ṅga로 표기된다.

✿ 梵語千字文 456번 杓 caṅṭu 折跓(吒鄓反).

ṅa+ṭu를 하면 ṅṭu로 표기된다.

✿ 梵語千字文 920번 指 aṅgule 盎虞隸.

ṅa+gu를 하면 ṅgu로 표기된다.

✿ (No. 2133A 梵語千字文 1194페이지 909번 指 aṅgali).

ṅa+ga를 하면 ṅga로 표기된다.

✿ 梵語千字文 956번 蹲 jaṅgha 攘伽(上).

ṅa+gha를 하면 ṅgha로 표기된다.

✿ 梵語雜名 1077번 鉤 aṅkuśa 鴦俱者.

ṅa+ku를 하면 ṅku로 표기된다.

✿ 梵語雜名 1121번 鏁 śaṅkara 商羯羅.

ṅa+ka를 하면 ṅka로 표기된다.

22. ca.

필순(筆順)

✿ 梵語千字文 4번 月 candra 戰達羅(二合).

瑜伽金剛頂經釋字母品- ca 左字門一切法離一切遷變故.

앞에서 언급한 ca의 변화형입니다.

cā, ci, cī, cu, cū,

ce, cai, co, cau, caṃ,

caḥ, cṛ, cṝ.

ca는 중첩자에서 상부(上部)는 , 下部는 , 로 표기된다.

✿ 梵語千字文 225번 撿 vicāra 尾左(引)囉.

✿ 梵唐消息 109번 錦 cittra 七多羅.

✿ 梵語千字文 699번 衣 cīvara 支嚩羅.

✿ 梵語千字文 437번 返 gracṛ 仡羅(二合)戚(戚以反)哩(二合).

✿ 梵語雜名 64번 髮 cuṇa 主拏(去).

✿ 米粉 cola 照(梵語雜名 589번引)攞.

✿ 梵語雜名 1213번 刺 campa 占(上)波.

✿ 梵語雜名 503번 四八四 catuścatu 折覩室者覩.

śa+ ca를 하면 śca로 표기된다.

23. cha.

필순(筆順)

✿ 梵語雜名 789 陰 chaya 車也.

cha의 이체자(異體字) 입니다.

瑜伽金剛頂經釋字母品- cha 磋(上)字門一切法影像不可得故

앞에서 언급한 cha의 변화형입니다.

chā, chi, chī, chu, chū,

che, chai, cho, chau, chaṃ,

chaḥ, chṛ, chṝ.

cha는 중첩자에서 상부(上部)는 , 下部는 , , 로 표기된다. 대정신수대장경(大正新脩大藏經) 사휘부(事彙部)에서 cha는 당범문자(唐梵文字), 범어잡명(梵語雜名)에서 보이며, 범어천자문(梵語千字文)에서는 이체자(異體字) cha가 많이 보이니, 주의할 점은 현재에는 cha가 ccha로 표기되니, 혼동할 수도 있다. cha의 변화형들은 사휘부(事彙部)에서 이체자(異體字) cha 변화형으로 표기된다.

chā, chi, chī, chu, chū,

che, chai, cho, chau, chaṃ, chaḥ.

✿ 梵語雜名 1204번 拋 chaṇa 車拏.

✿ 梵語千字文 5번 陰 chāyā 縒(引)也(引).

✿ 梵語千字文 181번 咸 yachici 也堅止.

✿ 梵語雜名 265번 立 uśracche 烏設囉(二合)掣.

✿ 梵語千字文 84번 軒 uchrapita 烏縒囉(二合)(引)比多.

cha+ ra를 하면 chra로 표기된다.

24. ja.

필순(筆順)

✿ 梵語千字文 116번 馳 java 惹(自羅反)嚩.

ja의 이체자(異體字) 입니다.

瑜伽金剛頂經釋字母品- ja 惹字門一切法生不可得故.

앞에서 언급한 j a의 변화형입니다.

jā, ji, jī, , ju, , jū,

je, jai, jo, jau, jaṃ,

jaḥ, jṛ, jṝ.

✿ 梵語千字文 359번 罔 jāla 惹(引)攞. = jā

✿ 梵語千字文 755번 舌 jihva 爾賀嚩(二合).

✿ 梵語千字文 106번 命 jīvitaṃ 爾(引)尾擔.

✿ 梵語雜名 124번 紫 juburabha 乳(而住反)耄羅婆.

✿ 梵語雜名 96번 蔓 rajo 羅儒(去).

✿ 梵語千字文 749번 奕 jūta 儒(引)多.

❁ (No. 2133A 梵語千字文 1193페이지 743번 奕 jūta).

✿ 梵唐消息 281번 紫 jaṃbura 乳耄囉.

ja는 중첩자에서 상부(上部)는 , 하부(下部)는 , 로 표기된다.

✿梵語千字文 13번 雷 devagarjati 禰嚩蘖惹底(丁以反).

ra+ ja를 하면 rja로 표기된다.

✿ 梵語千字文 138번 想 saṃjñā 僧惹孥(二合)(引).

ja+ ñā를 하면 jñā로 표기된다.

❁ (No. 2133A 梵語千字文 1190페이지 138번 想 saṃjña).

ja+ ña를 하면 jña로 표기된다.

✿ 梵語千字文 178번 囊 guñjā 虞惹(引).

ña+jā를 하면 ñjā로 표기된다.

✿ 梵語千字文 353번 鶴 krojje 句路(二合)惹洩(二合).

ja+je를 하면 jje로 표기된다.

✿ 梵語千字文 471번 繩 rajju 羅儒(重).

ja+ju를 하면 rajju로 표기된다.

✿ 梵語千字文 641번 俯 kuvja 俱嚩惹(二合).

va+ja를 하면 vja로 표기된다.

✿ 梵唐消息 300번 凡 pṛthabhajjana 跛栗他婆惹那.

ja+ja를 하면 jja로 표기된다.

✿ (No. 2133A 梵唐消息 1196페이지 302번 凡 pṛthabhanjana).

na+ja를 하면 nja로 표기된다.

✿ 梵語雜名 242번 熱 jvala 馹嚩囉.

ja+va를 하면 jva로 표기된다.

✿ 梵語雜名 672 勝 jirjita 儞囉爾(二合)多.

ra+ji를 하면 rji로 표기된다.

✿ 梵語千字文 485 本 mjara 摩惹(二合)囉.

ma+ja를 하면 mja로 표기된다.

25. jha.

필순(筆順)

jha의 이체자(異體字) 입니다.

瑜伽金剛頂經釋字母品-jha 酇(去)字門一切法戰敵不可得故.

앞에서 언급한 jha의 변화형입니다.

jhā, jhi, jhī, jhu, jhū,

jhe, jhai, jho, jhau, jhaṃ,

jhaḥ, jhṛ, jhṝ.

jha는 중첩자에서 상부(上部)는 , 하부(下部)는 로 표기된다.

梵漢大辭典 530 jhallikā 蟬.

梵漢大辭典 530 jhaṃ-kāra 呻吟聲.

梵漢大辭典 531 jhaulika 小囊.

梵漢大辭典 531 jhiṇṭa 柴.

26. ña.

필순(筆順)

ña의 이체자(異體字) 입니다.

瑜伽金剛頂經釋字母品- ña 穰上字門一切法智不可得故.

앞에서 언급한 ña의 변화형입니다.

ñā, ñi, ñī, ñu, ñū,

ñe, ñai, ño, ñau, ñaṃ,

ñaḥ, ñṛ, ñṝ.

ña는 중첩자에서 상부(上部)는 , 하부(下部)는 로 표기된다.

✿ 梵語千字文 176번 哲 prajñā 鉢羅(二合)惹拏(二合)(引).

ja+ ñā를 하면 jñā로 표기된다.

✿ (No. 2133A 梵語千字文 1190페이지 138번 想 saṃjña).

ja+ ña를 하면 jña로 표기된다.

✿ 梵語千字文 178번 囊 guñjā 虞惹(引).

ña+jā를 하면 ñjā로 표기된다.

27. ṭa.

필순(筆順)

✿ 梵語千字文 169번 積 kūṭa 倶(引)姹(上).

ṭa의 이체자(異體字) 입니다.

瑜伽金剛頂經釋字母品-ṭa 吒上字門一切法慢不可得故.

앞에서 언급한 ṭa의 변화형입니다.

ṭā, ṭi, ṭī, ṭu, ṭū,

ṭe, ṭai, ṭo, ṭau, ṭaṃ,

ṭaḥ, ṭṛ, ṭṝ.

✿ 梵語千字文 87번 野 aṭāvī 阿吒(上)味.

✿ 梵語千字文 676번 殿 gandhakuṭimaṇḍapa 誐馱矩知曼拏跛.

✿ 梵唐消息 137번 六 ṣaṭī 娑智.

ṭa는 중첩자에서 上部는 , 下部는 로 표기된다.

✿ 梵語千字文 149번 終 niṣṭa 儞瑟姹(二合).

ṣa+ṭa를 하면 ṣṭa로 표기된다.

✿ 梵語千字文 436번 床 khaṭṭa 朅吒(重).

ṭa+ṭa를 하면 ṭṭa로 표기된다.

✿ 梵語千字文 659번 六 ṣaṭ 殺吒(半).

ṭa가 반음 ṭ로 끝나면 ṭ로 표기된다.

✿ 梵唐消息 60번 駝 uṣṭrakarabha 烏瑟吒羅迦羅婆.

ṣa+ṭra를 하면 ṣṭra로 표기된다.

✿ 唐梵文字 1002번 持 ṣṭaṃna.

ṣa+ṭaṃ를 하면 ṣṭaṃ으로 표기된다.

✿ 梵語雜名 1187번 杖 yaṣṭi 野瑟徵(二合).

ṣa+ṭi를 하면 ṣṭi로 표기된다.

28. ṭha.

필순(筆順)

✿ 梵語千字文 462번 安 ṭhavasukha 詑跛素(上)佉.

ṭha의 이체자(異體字) 입니다.

瑜伽金剛頂經釋字母品-ṭha 咤(上)字門一切法長養不可得故.

앞에서 언급한 ṭha의 변화형입니다.

ṭhā, ṭhi, ṭhī, ,ṭhu, ṭhū,

ṭhe, ṭhai, ṭho, ṭhau, ṭhaṃ,

ṭhaḥ, ṭhṛ, ṭhṝ.

✿ 梵唐消息 123번 梨 ṭhāṅga 黨哦.

✿ 梵語雜名 89번 由 ujiṭhu 烏日㯳(凝矩反).

ṭha는 중첩자에서 上部는 , 下部는 로 표기된다.

✿ 梵唐消息 180번 薑 śuṇṭha 戍拏吒(二合).

ṇa+ṭha를 하면 ṇṭha로 표기된다.

29. ḍa.

필순(筆順)

ḍa의 이체자(異體字) 입니다.

瑜伽金剛頂經釋字母品- ḍa 拏上字門一切法怨敵不可得故.

앞에서 언급한 ḍa의 변화형입니다.

ḍā, ḍi, ḍī, ḍu, ḍū,

ḍe, ḍai, ḍo, ḍau, ḍaṃ,

ḍaḥ, ḍṛ, ḍṝ.

✿ 梵語千字文 568번 筐 piḍāyī 比拏(引)以.

ḍa는 중첩자에서 상부(上部)는 , 하부(下部)는 로 표기된다.

✿ 梵語千字文 536번 箭 kaṇḍa 建拏.

ṇa+ ḍa를 하면 ṇḍa로 표기된다.

✿ 梵唐消息 104번 金 suvarṇḍa 素韈拏.

ra+ ṇḍa를 하면 rṇḍa로 표기된다.

✿ 唐梵文字 701번 問 paṇḍinya.

ṇa+ ḍi를 하면 ṇḍi로 표기된다.

30. ḍha.

필순(筆順)

ḍha의 이체자(異體字) 입니다.

瑜伽金剛頂經釋字母品- ḍha 荼(去)字門一切法執持不可得故.

앞에서 언급한 ḍha의 변화형입니다.

ḍhā, ḍhi, ḍhī, ḍhu, ḍhū,

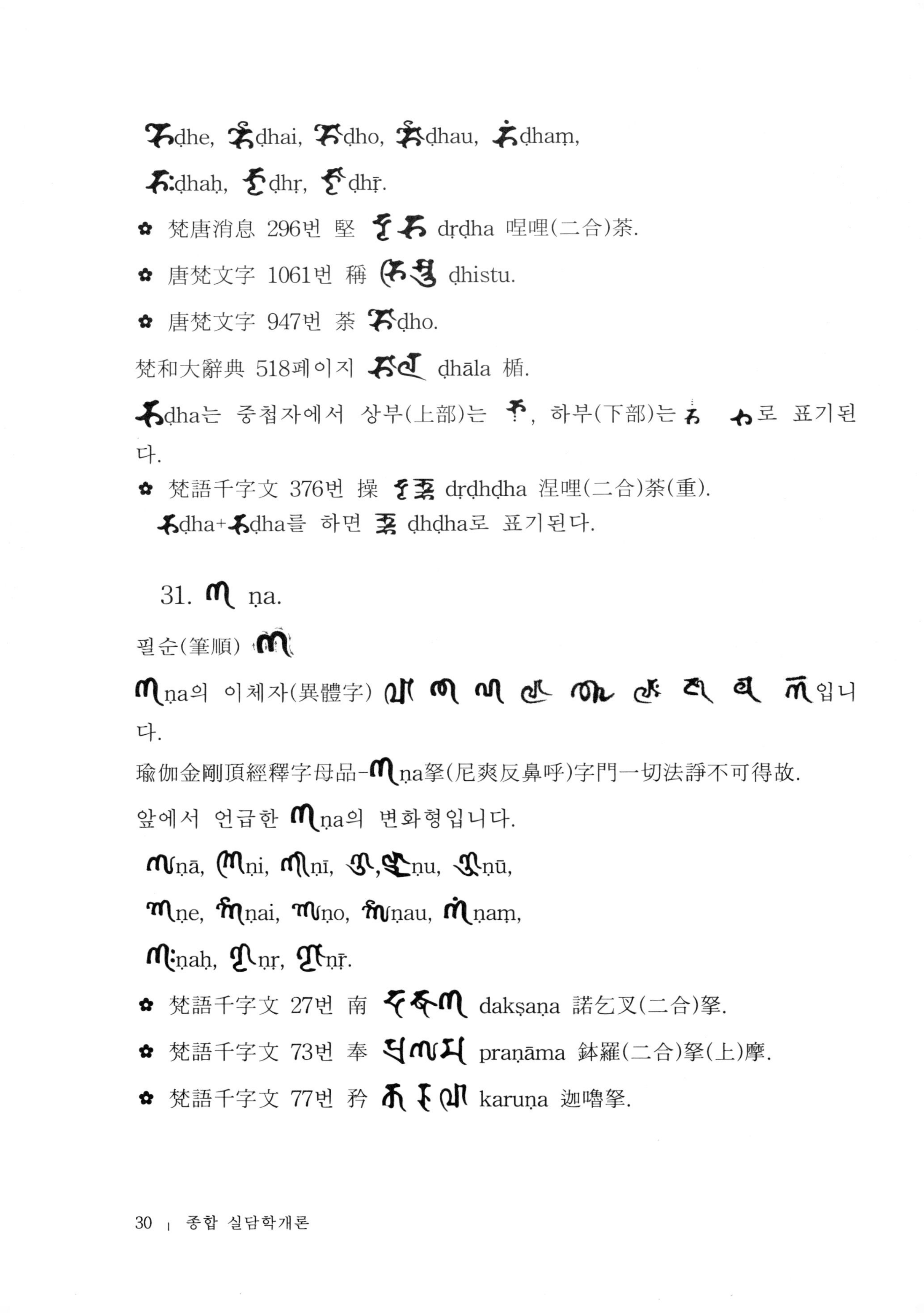

ḍhe, ḍhai, ḍho, ḍhau, ḍhaṃ,

ḍhaḥ, ḍhṛ, ḍhṝ.

✿ 梵唐消息 296번 堅 dṛḍha 呢哩(二合)荼.

✿ 唐梵文字 1061번 稱 ḍhistu.

✿ 唐梵文字 947번 荼 ḍho.

梵和大辭典 518페이지 ḍhāla 楯.

ḍha는 중첩자에서 상부(上部)는 , 하부(下部)는 로 표기된다.

✿ 梵語千字文 376번 操 dṛḍhḍha 涅哩(二合)荼(重).

ḍha+ḍha를 하면 ḍhḍha로 표기된다.

31. ṇa.

필순(筆順)

ṇa의 이체자(異體字) 입니다.

瑜伽金剛頂經釋字母品-ṇa拏(尼爽反鼻呼)字門一切法諍不可得故.

앞에서 언급한 ṇa의 변화형입니다.

ṇā, ṇi, ṇī, ṇu, ṇū,

ṇe, ṇai, ṇo, ṇau, ṇaṃ,

ṇaḥ, ṇṛ, ṇṝ.

✿ 梵語千字文 27번 南 dakṣaṇa 諾乞叉(二合)拏.

✿ 梵語千字文 73번 奉 praṇāma 鉢羅(二合)拏(上)摩.

✿ 梵語千字文 77번 矜 karuṇa 迦嚕拏.

✿ 梵語千字文 132번 遺 hovaṇi 護縛抳.

❁ (No. 2133A 梵語千字文 1190페이지 132번 遺 hovaṇī).

✿ 唐梵文字 126번 貨 vikrīṇā.

✿ 梵語雜名 137번 聽 śrīṇu 室哩女(而住反), śravaṇa 室羅縛拏.

ṇa는 중첩자에서 상부(上府)는 , 하부(下部)는 로 표기된다.

✿ 梵語千字文 24번 取 raigṛhṇa 攞伊(上)誐里(二合)訶娜(二合).

ha+ṇa를 하면 hṇa르 표기된다.

✿ 梵語千字文 122번 醜 durvaṇṇa 訥縛(無撥反)拏(重).

ṇa+ṇa를 하면 ṇṇa로 표기된다.

❁ (No. 2133A 梵語千字文 1190페이지 122번 醜 durvarṇṇa).

ra+ṇṇa를 하면 rṇṇa로 표기된다.

✿ 梵語千字文 155번 福 puṇya 本寧也.

ṇa+ya를 하면 ṇya로 표기된다.

❁ (No. 2133A 梵語千字文 1194페이지 識語 10번 福 puṇyaṃ).

ṇa+yaṃ를 하면 ṇyaṃ으로 표기된다.

✿ 梵語千字文 244번 毫 romnaurṇa 路摩曩(二合)嗢囉拏(二合).

ra+ṇa를 하면 rṇa로 표기된다.

✿ 梵語千字文 829번 貪 tṛṣṇā 怛哩(二合)瑟拏(二合)(引).

ṣa+ṇā를 하면 ṣṇā로 표기된다.

✿ 梵唐消息 104번 金 suvarṇḍa 素轒拏.

ra+ ṇḍa를 하면 rṇḍa로 표기된다.

✿ 唐梵文字 337번 劣 svaṇpa.

ṇa+ 를 하면 ṇpa로 표기된다.

✿ 梵唐消息 278번 黑 kṛṣṇa 訖里史拏.

ṣa+ ṇa를 하면 ṣṇa로 표기된다.

✿ 唐梵文字 701번 問 paṇḍinya.

ṇa+ ḍi를 하면 ṇḍi로 표기된다.

✿ 唐梵文字 716번 洽 (?) uṇḍka.

ṇa+ ḍka를 하면 ṇḍka로 표기된다.

✿ 唐梵文字 1102번 頂 uṣṇīsa.

ṣa+ ṇī를 하면 ṣṇī로 표기된다.

✿ 梵語雜名 385번 福 pūṇye 補哦曳.

ṇa+ ye를 하면 ṇye로 표기된다.

32. ta.

필순(筆順)

ta의 이체자(異體字) 입니다.

✿ 梵語千字文 212번 席 talasi 多攞絲(早以反).

瑜伽金剛頂經釋字母品- ta 多(上)字門一切法如如不可得故.

앞에서 언급한 ta의 변화형입니다.

tā, ti, tī, tu, tū,

te, tai, to, tau, taṃ,

taḥ, tṛ, tṝ.

✿ 梵語千字文 17번 星 tāraka 哆(引)囉迦.

✿ 梵語千字文 13번 雷 devagarjati 禰嚩蘖惹底(丁以反).

✿ 梵語千字文 303번 偃 yotu 細覩.

✿ 梵唐消息 177번 油 taila 帶攞.

✿ 唐梵文字 787번 斯 etatū.

✿ 梵唐消息 308번 歡樂 sutoṣa 率都沙.

✿ 梵語千字文 324번 威 tejanāṃ 帝惹南(引).

✿ 梵語千字文 106번 命 jīvitaṃ 爾(引)尾擔.

✿ 梵語千字文 53번 置 svāpitaḥ 娑嚩(二合)(引)比多(入).

✿ 梵語千字文 325번 銅 tāṃmra 擔(引)摩囉(二合).

✿ 梵語千字文 69번 伯 jyeṣṭatṛpi 覲(準上)瑟姹(二合)怛羅比.

ta는 중첩자에서 상부(上部)는 , 하부(下部)는 로 표기된다.

✿ 梵語千字文 28번 北 uttara 烏多(重)囉.

ta+ ta를 하면 tta로 표기된다.

✿ 梵語千字文 34번 臣 matri 摩底哩(二合).

ta+ ri를 하면 tri로 표기된다.

✿ 梵語千字文 306번 帝 kṣatrīya 乞刹(二合)怛哩(二合)也.

ta+ rī를 하면 trī로 표기된다.

✿ 唐梵文字 373번 臣 mantrī.

na+ trī를 하면 ntrī로 표기된다.

✿ 梵語千字文 33번 皇 devaputtra 禰嚩補怛羅(二合).

ta+ tra를 하면 ttra로 표기된다.

❁ (No. 2133A 梵語千字文 1190페이지 33번 皇又天子 devaputra).

ta+ ra를 하면 tra로 표기된다.

✿ 梵語千字文 214번 過 atikrātrā 阿底乞蘭(二合)(引)怛羅(二合)(引).

ta+ rā를 하면 trā로 표기된다.

✿ 梵語千字文 42번 定 śānta 扇(引)多.

na+ ta를 하면 nta로 표기된다.

❁ (No. 2133A 梵語千字文 1191페이지 210번 過 atikrāntā).

na+ tā를 하면 ntā로 표기된다.

✿ 梵語千字文 43번 品 parivartta 跛哩嚩羅跢.

ra+ tta를 하면 rtta로 표기된다.

✿ 梵語千字文 90번 柱 stambha 娑擔(二合)婆(入)(重呼).

sa+ ta를 하면 sta로 표기된다.

✿ 唐梵文字 1094번 爲 stātote.

sa+ tā를 하면 stā로 표기된다.

✿ 梵語千字文 127번 少 stoka 窣妬(二合)迦.

sa+ to를 하면 sto로 표기된다.

✿ 梵語千字文 93번 竟 samāpta 娑摩(引)波多.

pa+ ta를 하면 pta로 표기된다.

✿ 梵語千字文 102번 女 strī 悉怛哩(三合)(引).

sa+trī를 하면 strī로 표기된다.

✿ 梵語雜名 620번 女 ktita 底呬多.

ka+ti를 하면 kti로 표기된다.

✿ 梵語千字文 194번 夕 rattrittra 羅怛哩(二合)怛囉(二合).

ta+tri를 하면 ttri로 표기된다.

✿ 梵語千字文 203번 論 śastra 設娑怛羅(三合).

sa+tra를 하면 śastra로 표기된다.

✿ 梵語千字文 260번 情 satva 薩怛嚩(二合).

ta+va를 하면 tva로 표기된다.

✿ 梵語千字文識語 28번 有情 satvā.

ta+vā를 하면 tvā로 표기된다.

✿ 梵語千字文 338번 敵 dhtadava 馱怛娜嚩.

dha+ta를 하면 dhta로 표기된다.

✿ 梵語千字文 349번 魚 matssa 末寫(重).

ta+ssa를 하면 tssa르 표기된다.

❁ (No. 2133A 梵語千字文 1191페이지 343번 魚 matsya).

ta+sya를 하면 tsya르 표기된다.

✿ 梵語千字文 357번 赤 rukta 路枳多.

ka+ta를 하면 kta로 표기된다.

✿ 唐梵文字 173번 璀 muktā.

ka+tā를 하면 ktā로 표기된다.

✿ 梵語千字文 375번 竭 yatna 也但曩.

ta+ na를 하면 tna로 표기된다.

✿ 梵語千字文 424번 酌 darviuttola 捺喇尾鄔姤攞.

ta+ to를 하면 tto로 표기된다.

✿ 梵語千字文 472번 索 varatraṃ 嚩囉怛覽(二合).

ta+ raṃ를 하면 traṃ로 표기된다.

✿ 梵語千字文 512번 澤 varta 縛囉多.

ra+ ta를 하면 rta로 표기된다.

✿ 梵語千字文 560번 度 vidasti 尾娜悉底(二合).

sa+ ti를 하면 sti로 표기된다.

✿ 梵語千字文 619번 別 atya 阿底也(二合).

ta+ ya를 하면 tya로 표기된다.

✿ 梵語千字文 199번 朝 pratyuṣa 鉢羅(二合)底庾(二合)灑.

ta+ yu를 하면 tyu로 표기된다.

✿ 梵唐消息 254번 請 nipantra 顐半多羅.

na+ tra를 하면 ntra로 표기된다.

✿ 梵唐消息 274번 起 uttiṣṭa 鬱底(上)瑟吒.

ta+ ti를 하면 tti로 표기된다.

✿ (No. 2133A 梵唐消息 1196페이지 309번 消息 varttāsukha).

ra+ ttā를 하면 rttā로 표기된다.

✿ 唐梵文字 187번 咸 yatkiṃci.

ta+kiṃ를 하면 tkiṃ으로 표기된다.

✿ 唐梵文字 985번 方 tyāṃ.

ta+yāṃ를 하면 tyāṃ으로 표기된다.

✿ 唐梵文字 1076번 方 jattā.

ta+tā를 하면 ttā로 표기된다.

✿ 梵語雜名 606번 怨 śatro 娑訥嚕.

ta+ro를 하면 tro로 표기된다.

✿ 梵語雜名 718번 八月 karttika 迦嘌底(二合)迦.

ra+tti를 하면 rtti로 표기된다.

✿ 梵語雜名 1071번 kuntu 梱都.

na+tu를 하면 ntu로 표기된다.

✿ 梵語雜名 1240번 弟 katmabhrata 迦怛麽婆囉多.

ta+ma를 하면 tma로 표기된다.

✿ 梵唐消息 288번 kuttya 俱多也.

ta+tya를 하면 ttya로 표기된다.

✿ 梵語千字文 364번 期 pratyeka 鉢羅(二合)底曳(二合)迦.

ta+ye를 하면 tye로 표기된다.

✿ 唐梵文字 1076번 動 kaṃtpa.

ta+pa를 하면 tpa로 표기된다.

✿ 梵語雜名 994번 柿 tyaṃtusa 底孕覩娑.

ta+yaṃ를 하면 tyaṃ으로 표기된다.

✿ 梵語雜名 999번 枇杷 utbhanāvi 覩怛婆(二合)那(引)毘.

ta+ bha를 하면 tbha로 표기된다.

✿ 唐梵文字 363 疑 vicikitsā.

ta+ sā를 하면 tsā로 표기된다.

✿ 梵語千字文 63번 弘 vṛhat 物哩(二合)訶多(半音).

ta가 半音t로 끝날때는 t로 표기된다.

33. tha.

필순(筆順)

tha의 이체자(異體字) 입니다.

瑜伽金剛頂經釋字母品- tha 他(上)字門一切法住處不可得故.

앞에서 언급한 tha의 변화형입니다.

thā, thi, thī, , thu, thū,

the, thai, tho, thau, thaṃ,

thaḥ, thṛ, thṝ.

✿ 梵語千字文 366번 首 prathama 鉢羅(二合)佗摩.

✿ 梵語千字文 171번 葳 guthāja 虞拏惹.

✿ 梵語千字文 2번 地 pṛthivi 跛哩(二合)體(他以反)尾.

✿ 梵語千字文 573번 街 vithī 尾(引)體(他以反).

tha는 중첩자에서 상부(上部)는 , 하부(下部)는 로 표기된다.

✿ 梵語千字文 556번 升 prastha 鉢羅(二合)娑他(二合).

sa+ tha를 하면 stha로 표기된다.

✿ 梵語千字文 312번 驛 sthānaśalā 娑佗(二合)(引)曩舍攞(引).

sa+thā를 하면 sthā로 표기된다.mmm

✿ 梵語千字文 46번 立 sthita 悉體(二合)多.

sá+thi를 하면 sthi로 표기된다.

✿ 梵語千字文 62번 義 artha 遏他.

ra+tha를 하면 rtha로 표기된다.

✿ 梵語千字文 255번 邪 mithyā 弭(上)體也(二合)(引).

tha+yā를 하면 thyā로 표기된다.

✿ 梵語千字文 310번 衢 rathya 囉他也(二合).

tha+ya를 하면 thya로 표기된다.

✿ 唐梵文字 424번 返 granthi.

na+thi를 하면 nthi로 표기된다.

✿ 梵語雜名 744번 後分 paścipaṃthma 鉢室旨半他麼.

tha+ma를 하면 thma로 표기된다.

✿ 梵語雜名 765번 道 pantha 鉢娜他.

na+tha를 하면 ntha로 표기된다.

✿ 梵語雜名 1124번 洋階 rthika 栗體迦.

ra+thi를 하면 rthi로 표기된다.

34. da.

필순(筆順)

✿ 梵語千字文 663번 十 daśa 捺捨.

瑜伽金剛頂經釋字母品- da 娜字門一切法施不可得故.

da의 이체자(異體字) 입니다.

da를 생략하여 써서, 글이 끝날 때 사용합니다.

앞에서 언급한 da의 변화형입니다.

dā, di, dī, , du, , dū,

de, dai, do, dau, daṃ,

daḥ, dṛ, dṝ.

✿ 梵語千字文 239번 含 maryādā 摩哩也(二合)(引)娜(引).

✿ 梵語千字文 9번 晝 divâḥ 儞(寧以反)嚩索.

✿ 梵語千字文 428번 與 dīyataṃ 儞(泥以反)也擔(引).

✿ 梵語千字文 33번 皇 devaputtra 禰嚩補怛羅(二合).

✿ 梵語千字文 122번 醜 durvaṇṇa 訥縛(無撥反)拏(重).

✿ 梵語千字文 285번 遠 dūra 怒(引)囉.

✿ 梵語雜名 527번 與儞 dedo 泥徒.

✿ 梵語千字文 898번 牙 daṃṣṭra 能(上)沙吒羅(三合)(引).

✿ 唐梵文字 1040번 成 dīṃ.

✿ 梵語千字文 215번 闕 dṛṣṭi 涅哩(二合)瑟置(二合).

da는 중첩자에서 상부(上部)는 , 하부(下部)는 로 표기된다.

✿ 梵語千字文 4번 月 candra 戰達羅(二合).

na+dra를 하면 ndra로 표기된다.

✿ 梵語千字文 12번 暗 addhakaraḥ 阿怛迦洛.

da+dha를 하면 ddha로 표기된다.

✿ 梵語千字文 14번 電 vidyu 尾儞庾(二合).

da+ yu를 하면 dyu로 표기된다.

✿ 梵語千字文 44번 物 dravya 捺羅(二合)尾也(二合).

da+ ra를 하면 dra로 표기된다.

✿ 梵語千字文 129번 今 adya 阿儞也(二合).

da+ ya를 하면 dya로 표기된다.

✿ 梵語千字文 206번 揚 dyāta 儞喩(二合)(引)多.

da+ yā를 하면 dyā로 표기된다.

✿ 梵語千字文 308번 輝 dyoti 儞喩(二合)底.

da+ yo를 하면 dyo로 표기된다.

✿ 梵語千字文 154번 敦 guruśraddhā 虞嚕室囉馱(引).

da+ dha를 하면 ddhā로 표기된다.

✿ 梵語千字文 159번 響 pratiśavda 鉢囉(二合)底(他以反)攝娜.

va+ da를 하면 vda로 표기된다.

✿ 梵語千字文 188번 啓 udghaṭa 烏娜伽(二合)吒.

da+ gha를 하면 dgha로 표기된다.

✿ 梵語雜名 49번 腕 jadghā 穰迦

da+ ghā를 하면 dghā로 표기된다.

✿ 梵語千字文 97번 聲 śabda 攝婆娜(二合).

ba+ bda를 하면 bda로 표기된다.

✿ 梵語千字文 309번 通 rddhi 哩地.

da+ dhi를 하면 ddhi로 표기된다.

✿ 梵語千字文 392번 靜 skanda 娑建馱.

na+ da를 하면 nda로 표기된다.

✿ 梵語千字文 396번 戰 yuddhaḥ 庾馱(入).

da+ dhaḥ를 하면 ddhaḥ로 표기된다.

✿ 梵語千字文 766번 悉曇 siddhāṃ 悉曇.

da+ dhāṃ를 하면 ddhāṃ로 표기된다.

✿ 梵語千字文 842번 uddhega 嗢弟誐.

da+ dhe를 하면 ddhe로 표기된다.

✿ 梵唐消息 49번 箸 kaddhī.

da+ dhī를 하면 ddhī로 표기된다.

✿ 梵唐消息 133번 二 dvaya 馱婆野.

da+ dha를 하면 dva로 표기된다.

✿ 唐梵文字 3번 兩 dvai.

da+ 를 하면 dvai로 표기된다.

✿ 唐梵文字 353번 泉 udbheda.

da+ 를 하면 dbhe로 표기된다.

✿ 梵語雜名 169번 嗅 sudśa 蘇(上)娜舍(二合).

da+ 를 하면 dśa로 표기된다.

✿ 梵語雜名 262번 禮 vadanaṃ 末捺南, vande 末儞弟.

na+ de를 하면 nde로 표기된다.

✿ 梵語雜名 317번 間 addara 阿娜(重)羅.

da+ da를 하면 dda로 표기된다.

✿ 梵語雜名 935번 鵝 hadsa 賀捺娑(二合).

da+ sa를 하면 dsa로 표기된다.

✿ 梵語雜名 1019번 大黃 padmacari 鉢納麼(二合)者哩.

da+ 를 하면 dma로 표기된다.

✿ 梵語雜名 1041번 酢草 cidgali 只泥誐(二合)理.

da+ ga를 하면 dga로 표기된다.

35. dha.

필순(筆順)

✿ 梵唐消息 275번 走 dhava 陀縛.

瑜伽金剛頂經釋字母品- dha 馱(去)字門一切法界不可得故.

dha의 이체자(異體字) 입니다.

앞에서 언급한 dha의 변화형입니다.

dhā, dhi, dhī, , dhu, , dhū,

dhe, dhai, dho, dhau, dhaṃ,

dhaḥ, dhṛ, dhṝ.

✿ 梵語千字文 289번 英 medhāvī 迷馱(引)尾.

✿ 梵語千字文 575번 巷 vīdhīracha 味地囉縒.

✿ (No. 2133A 梵語千字文 1192페이지 568번 巷 vīdhiracha).

✿ 梵語雜名 808번 闇 adhukāra 阿吐迦(引)囉.

✿ 梵語千字文 179번 裏 dhenita 弟膩多.

✿ 唐梵文字 677번 院 dhaivana.

✿ 梵語千字文 448번 濯 dhova 度嚩.

✿ 梵語千字文 326번 梁 gṛhadhaṃga 仡哩(二合)賀納誐.

✿ 梵語雜名 998번 苦楝 dhaḥva 溺縛.

✿ 梵語雜名 805번 塵 dhṛ 度哩.

dha는 중첩자에서 상부(上部)는 , 하부(下部)는 로 표기된다.

✿ 梵語千字文 12번 暗 addhakaraḥ 阿怛迦洛.

da+ dha를 하면 ddha로 표기된다.

✿ (No. 2133A 梵語千字文 1190페이지 12번 暗 andhakaraḥ).

na+ dha를 하면 ndha로 표기된다.

✿ 梵語千字文 154번 敦 guruśraddhā 虞嚕室囉馱(引).

da+ dha를 하면 ddhā로 표기된다.

✿ 梵語千字文 172번 蕤 śardhala 設馱羅.

ra+ dha를 하면 rdha로 표기된다.

✿ 梵語千字文 338번 敵 dhtadava 馱怛娜嚩.

dha+ ta를 하면 dhta로 표기된다.

✿ 梵語千字文 396번 戰 yuddhaḥ 庾馱(入).

da+ dhaḥ를 하면 ddhaḥ로 표기된다.

✿ 梵語千字文 633번 禪 dhyāna 䭾(引)曩.

dha+ yā를 하면 dhyā로 표기된다.

✿ 梵語千字文 738번 艾 gandhile 獻地隷.

na+ dhi를 하면 ndhi로 표기된다.

✿ 梵語千字文 843번 憂 uddhega 嗢弟誐.

da+ dhe를 하면 ddhe로 표기된다.

✿ 梵唐消息 283번 上 urdhva 鬱嚩.

ra+ dhva를 하면 rdhva로 표기된다.

✿ 唐梵文字 329번 敵 ddhanddha.

na+ ddha를 하면 nddha로 표기된다.

✿ 梵語千字文 756번 悉曇 siddhāṃ 悉曇.

da+ dhāṃ를 하면 ddhāṃ로 표기된다.

✿梵唐消息 49번 箸 kaddhī.

da+ dhī를 하면 ddhī로 표기된다.

✿ 梵語千字文 309번 通 ṛddhi 哩地.

da+ dhi를 하면 ddhi로 표기된다.

✿ 梵語雜名 734번 午時 madhyahṇa 麼馱也(二合)賀拏(二合).

dha+ ya를 하면 dhya로 표기된다.

36. na.

필순(筆順)

✿ 梵語千字文 633번 禪 dhyāna 䭾(引)曩.

瑜伽金剛頂經釋字母品- na 曩字門一切法名不可得故.

na의 이체자(異體字) 입니다.

앞에서 언급한 na의 변화형입니다.

nā, ni, nī, , nu, nū,

ne, nai, no, nau, naṃ,

naḥ, nṛ, nṝ.

✿ 梵語千字文 553번 計 gaṇanā 誐拏曩(引).

✿ 梵語千字文 20번 散 vidanita 尾娜儞跢.

✿ 梵語千字文 140번 規 nīti 儞(上)底.

✿ 梵語千字文 295번 人 janamanuṣya 惹曩摩努灑也(二合).

✿ 梵語千字文 65번 甥 bhāgineya 婆(引)儗寧也.

✿ 梵唐消息 303번 非 naiva.

✿ 梵語千字文 631번 形 saṃstanaṃ 僧娑多(二合)喃.

❁ (No. 2133A 梵唐消息 1195페이지 184번 舞 nṛtya).

na는 중첩자에서 상부(上部)는 , 하부(下部)는 로 표기된다.

✿ 梵語千字文 4번 月 candra 戰達羅(二合).

na+dra를 하면 ndra로 표기된다.

✿ 梵語千字文 60번 弟 kanyasābhrāta 迦儞也(二合)娑(引)勃羅(二合)(引)多.

na+ya를 하면 nya로 표기된다.

✿ 梵語千字文 83번 蔽 mandarā 曼拏囉(引).

na+da를 하면 nda로 표기된다.

✿ 梵語千字文 88번 標 cihna 止(卽以反)賀曩(二合)(引).

ha+na를 하면 hna로 표기된다.

✿ 梵語千字文 244번 毫 romnaurṇa 路摩曩(二合)嗢囉拏

(二合).

ma+ na를 하면 mna로 표기된다.

✿ 梵語千字文 279번 周 samanta 娑曼多.

na+ ta를 하면 nta로 표기된다.

✿ 梵語千字文 283번 沈 nimagna 儞摩誐曩(二合).

ga+ na를 하면 gna로 표기된다.

✿ 梵語千字文 438번 繫 vandha 滿馱.

na+ dha를 하면 ndha로 표기된다.

✿ (No. 2133A 梵語千字文 1192페이지 431번 繫 vandhā).

na+ dha를 하면 ndhā로 표기된다.

✿ 梵語千字文 487번 靜 śānti 扇(引)底.

na+ ti를 하면 nti로 표기된다.

✿ 梵語千字文 814번 起 undita 嗢體(他以反)多.

na+ di를 하면 ndi로 표기된다.

✿ 梵語千字文 909번 缺 bhinna 牝曩.

na+ na를 하면 nna로 표기된다.

✿ 梵語千字文 913번 腕 sandhi 散地.

na+ dhi를 하면 ndhi로 표기된다.

✿ 梵唐消息 176번 火 agni 阿疑儞(二合).

ga+ ni를 하면 gni로 표기된다.

✿ 梵唐消息 207번 儞 tvantu 多梵都.

na+ tu를 하면 ntu로 표기된다.

✿ 梵唐消息 254번 請 nipantra 顊半多羅.

na+ tra를 하면 ntra로 표기된다.

❁ (No. 2133A 梵語千字文 1190페이지 34번 臣 mantri).

na+ tri를 하면 ntri로 표기된다.

❁ 唐梵文字 373 臣 mantrī.

na+ trī를 하면 ntrī로 표기된다.

❁ (No. 2133A 梵語千字文 1191페이지 210번 過 atikrāntā).

na+ tā를 하면 ntā로 표기된다.

✿ 梵語千字文 263번 雅 praśnaka 鉢羅(二合)始儞(二合)迦.

śa+ na를 하면 śna로 표기된다.

❁ (No. 2133A 梵語千字文 1191페이지 259번 雅 praśnika).

śa+ ni를 하면 śni로 표기된다.

✿ 唐梵文字 329번 ddhanddha.

na+ ddha를 하면 nddha로 표기된다.

✿ 梵語雜名 743번 明日 nimucaknatye 涅務作那底曳.

ka+ na를 하면 kna로 표기된다.

✿ 梵語雜名 881번 天竺國 indudeśa 咺怒(上)泥舍.

na+ du를 하면 ndu로 표기된다.

✿ 梵語雜名 972번 螢火 khanyetaka 佉儞曳(二合)多迦.

na+ ye를 하면 nye로 표기된다.

37. pa

필순(筆順)

✿ 梵語千字文 43번 品 parivartta 跛哩嚩羅跢.

瑜伽金剛頂經釋字母品-pa 跛字門一切法第一義諦不可得故.

pa의 이체자(異體字) 입니다.

앞에서 언급한 pa의 변화형입니다.

pā, pi, pī, pu, pū,

pe, pai, po, pau, paṃ,

paḥ, pṛ, pṝ.

✿ 梵語千字文 328번 險 prapāta 鉢羅(二合)播多.

✿ 梵語千字文 57번 父 pitā 比哆(引).

✿ 梵語千字文 89번 華 puṣpa 補澁波(二合).

✿ 唐梵文字 384번 養 pucya.

✿ 唐梵文字 17번 圓 paripūrṇṇa.

✿ 梵語千字文 426번 敬 āpekṣa 阿(引)閉乞叉(二合).

✿ 梵唐消息 136번 五 paṃca 半者.

✿ 梵語千字文 6번 陽 ātapaḥ 阿(引)多(上)博.

✿ 梵語千字文 2번 地 pṛthivi 跛哩(二合)體(他以反)尾.

pa는 중첩자에서 상부(上部)는 , 하부(下部)는 로 표기된다.

✿ 梵語千字文 238번 成 niṣpana 儞澁半(二合)曩.

ṣa+pa를 하면 ṣpa로 표기된다.

✿ 梵語千字文 229번 提 pravicaya 鉢羅(二合)尾左也.

pa+ ra를 하면 pra로 표기된다.

✿ 梵語千字文 249번 意 abhiprāya 阿鼻鉢羅(二合)(引)也.

pa+ rā를 하면 prā로 표기된다.

✿ 梵語千字文 276번 嫌 jugupsā 儒虞波娑(二合)(引).

pa+sā를 하면 psā로 표기된다.

✿ 梵語千字文 571번 裁 karpa 劫跛.

ra+pa를 하면 rpa로 표기된다.

✿ 梵和大辭典 327페이지 kalpa 劫, 裁.

la+pa를 하면 lpa 로 표기된다.

✿ 梵唐消息 105번 銀 rupya 盧波也.

pa+ya를 하면 pya로 표기된다.

✿ 梵唐消息 147번 七十 sapta 娑波多.

pa+ ta를 하면 pta로 표기된다.

✿ (No. 2133A 梵唐消息 1195페이지 148번 七十 sapti).

pa+ ti를 하면 pti로 표기된다.

✿ 梵唐消息 220번 proksa 波禮乞者.

pa+ ro를 하면 pro로 표기된다.

✿ (No. 2133A 梵唐消息 1195페이지 222번 求 prekṣa).

pa+ re를 하면 pre로 표기된다.

✿ 唐梵文字 247번 有 spraṣṭa.

sa+pra를 하면 spra로 표기된다.

✿ (No. 2133A 梵語千字文 1191페이지 340번 劣 svaṇpa).

ṇa+pa를 하면 ṇpa로 표기된다.

✿ 唐梵文字 823번 samaptā.

pa+tā를 하면 ptā로 표기된다.

✿ 唐梵文字 1076번 動 kaṃtpa.

ta+pa를 하면 tpa르 표기된다.

✿ 梵語雜名 1209번 pseva 波曬(二合)縛.

pa+ṣe를 하면 pṣe르 표기된다.

38. pha.

필순(筆順)

✿ 梵語千字文 408번 菓 phala 頗攞.

瑜伽金剛頂經釋字母品-pha 頗字門一切法不堅如聚沫故.

pha의 이체자(異體字) 입니다.

앞에서 언급한 pha의 변화형입니다.

phā, phi, phī, phu. phū,

phe, phai, pho, phau, phaṃ,

phaḥ, phṛ, phṝ.

✿ 梵語千字文 662번 圍 dhephita 弟紕多.

✿ 梵語千字文 432번 却 pheḍa 脾拏.

pha는 중첩자에서 상부(上部)는 , 하부(下部)는 로 표기된다.

✿ 梵語千字文 959번 腂 gulpha 虞攞頗(二合).

la+pha를 하면 lpha로 표기된다.

✿ 梵語千字文 205번 激 āsphoṭa 阿(引)娑怖(二合)吒.

sa+ spho를 하면 spho로 표기된다.

✿ 麽(引)薩頗.

sa+ pha를 하면 spha로 표기된다.

39. ba.

필순(筆順)

梵和大辭典 916페이지 bahu 多.

瑜伽金剛頂經釋字母品- ba 麽字門一切法縛不可得故.

ba의 이체자(異體字) 입니다.

앞에서 언급한 ba의 변화형입니다.

bā, bi, bī, , , bu, , bū,

be, bai, bo, bau, baṃ,

baḥ, bṛ, bṝ.

✿ 梵語千字文 681번 佛 buddha 沒馱.

梵漢大辭典 286페이지 bīja 子, 種, 種子.

ba는 중첩자에서 상부(上部)는 , 下部는 로 표기된다.

✿ 梵語千字文 97번 聲 śabda 攝婆娜(二合).

ba+ va를 하면 bda로 표기된다.

梵漢大辭典 941페이지 prati-bimba 像.

ma+ ba를 하면 mba로 표기된다.

40. bha.

필순(筆順)

✿ 梵語千字文 220번 賢 bhadra 跋捺羅(二合).

瑜伽金剛頂經釋字母品- bha 婆(去重)字門一切法有不可得故.

bha의 이체자(異體字) 입니다.

앞에서 언급한 bha의 변화형입니다.

bhā, bhi, bhī, bhu, bhū,

bhe, bhai, bho, bhau, bhaṃ,

bhaḥ, bhṛ, bhṝ.

✿ 梵唐消息 203번 辱 paribhāṣaṇa 波里婆(引)沙拏.

✿ 梵語千字文 45번 策 abhiṣeka 阿毘世迦.

✿ 梵唐消息 210번 深 gaṃbhīra 儼毘羅.

✿ 梵語千字文 307번 騰 abhudgata 阿部娜誐(二合)多.

✿ 唐梵文字 298번 騰 (?) agetabhū(?).

✿ 梵語千字文 99번 萬 prabheda 鉢羅陛娜.

✿ 梵語千字文 383번 祇 bhomadevata 部摩禰縛多.

✿ 梵語雜名 1101번 瓫 kubhaṃ 矩盤.

bha는 중첩자에서 상부(上部)는 , 下部는 로 표기된다.

✿ 梵語千字文 59번 兄 jyeṣṭabhrāta 虀瑟姹(二合)勃羅(二合)多.

bha+ rā를 하면 bhrā로 표기된다.

✿ 梵語千字文 144번 儉 durbhikṣā 訥避乞灑(二合)(引).

ra+ bhi를 하면 rbhi로 표기된다.

✿ 梵語千字文 259번 幽 gambhīra 儼毘(引)羅.

ma+bhī를 하면 mbhī로 표기된다.

✿ 梵語千字文 386번 旋 bhramyati 孛囉弭野(二合)底.

bha+ra를 하면 bhra로 표기된다.

✿ (No. 2133A 梵語千字文 1192페이지 380번 旋 bhremyati).

bha+re를 하면 bhre로 표기된다.

✿ 梵語千字文 395번 裏 abhyentara 阿便(上)多羅.

bha+ye를 하면 bhye로 표기된다.

✿ 梵語千字文 777번 習 abhyāsa 阿毘也(二合)(引)娑.

bha+ya를 하면 bhyā로 표기된다.

✿ 梵語千字文 778번 奇 adbhuta 曷娜步(二合)多.

da+bhu를 하면 dbhu로 표기된다.

✿ 梵唐消息 53번 瓮 kumbha 宮婆.

ma+bha를 하면 mbha로 표기된다.

✿ 梵唐消息 82번 眉 bhrū 補嚕.

bha+rū를 하면 bhrū로 표기된다.

✿ 梵語千字文 362번 泉 umbheda 嗢陛娜.

ma+bhe를 하면 mbhe로 표기된다.

✿ 唐梵文字 495번 澤 (?) varbha(?).

ra+bha를 하면 rbha로 표기된다.

41. ma.

필순(筆順)

✿ 梵語千字文 34번 臣 matri 摩底哩(二合).

瑜伽金剛頂經釋字母品- ma 莽字門一切法吾我不可得故.

ma의 이체자(異體字) 입니다.

앞에서 언급한 ma의 변화형입니다.

mā, mi, mī, , mu, , mū,

me, mai, mo, mau, maṃ,

maḥ, mṛ, mṝ.

✿ 梵語千字文 93번 竟 samāpta 娑摩(引)波多.

✿ 梵語千字文 75번 友 mittra 弭(音泯)怛羅.

❁ (No. 2133A 梵唐消息 1195페이지 193번 近 samīpa).

✿ 梵語千字文 217번 玉 musāra 母娑(引)囉.

❁ (No. 2133A 梵語千字文 1191페이지 227번 愚 mūrkha).

✿ 梵語千字文 19번 雲 megha 謎伽.

✿ 梵語雜名 404번 姪 maiḍona 梅土曩.

✿ 梵語千字文 398번 肥 moṭṭa 暮吒(重).

✿ 梵語千字文 204번 妙 maṃju 曼儒(左郞反).

✿ 梵語千字文 56번 府 nigamaḥ 儞誐莫.

✿ 梵語千字文 91번 美 mṛṣṭa 摩哩(二合)瑟咤(二合).

ma는 중첩자에서 상부(上部)는 , 하부(下部)는 로 표기된다.

✿ 梵語千字文 31번 相 parasmara 跛羅娑摩(二合)羅.

sa+ma를 하면 sma로 표기된다.

✿ 梵語千字文 259번 幽 gambhīra 儼毘(引)羅.

ma+bhī를 하면 mbhī로 표기된다.

✿ 梵語千字文 314번 陌 kṣullevarmma 乞芻(二合)儞嚩(無撥反)摩.

ra+mma를 하면 rmma로 표기된다.

✿ 梵語千字文 332번 機 vaṅmī 縛(引)仰弭(二合)(引).

ṅa+mī를 하면 ṅmī로 표기된다.

✿ (No. 2133A 梵語千字文 1191페이지 326번 機 ? vanmī?).

na+mī를 하면 nmī로 표기된다.

✿ 梵語千字文 362번 泉 umbheda 嘔陛娜.

ma+bhe를 하면 mbhe로 표기된다.

✿ 梵語千字文 386번 旋 bhramyati 孛囉弭野(二合)底.

ma+ya를 하면 mya로 표기된다.

✿ 梵唐消息 53번 瓮 kumbha 宮婆.

ma+bha를 하면 mbha로 표기된다.

梵漢大辭典 941page prati-bimba 像.

ma+ba를 하면 mba로 표기된다.

✿ 梵語千字文 722번 氍毹 varṇakamvala 韈拏劍摩攞.

ma+va를 하면 mva로 표기된다.

✿ 梵語千字文 752번 梵 vrahma 沒羅(二合)憾磨(二合).

ha+ma를 하면 hma로 표기된다.

✿ 梵語千字文 907번 懸 lamvita 藍弭多.

ma+를 하면 mvi로 표기된다.

✿ 梵唐消息 10번 晴 nirmala 涅摩洛.

ra+ma를 하면 rma로 표기된다.

✿ 梵唐消息 24번 高 utma 于太末.

ta+ma를 하면 tma로 표기된다.

✿ 梵唐消息 44번 柱 stamvaḥ 娑擔婆(入)(重呼).

ma+vaḥ를 하면 mvaḥ로 표기된다.

✿ 梵語千字文 325번 銅 tāṃmra 擔(引)摩囉(二合).

ma+ra를 하면 mra로 표기된다.

✿ 梵語雜名 246번 myādhi 弭也(引)地.

ma+yā를 하면 myā로 표기된다.

✿ 梵語雜名 725번 三四月 kṛṣma 訖哩(二合)史麽(二合).

ṣa+ma를 하면 ṣma로 표기된다.

✿ 梵語雜名 744번 後分 paścipaṃthma 鉢室旨半他麽.

tha+ma를 하면 thma로 표기된다.

✿ 梵語雜名 812번 化 nirmeta 儞嘌咩哆.

ra+me를 하면 rme로 표기된다.

✿ 梵語雜名 991번 胡桃 akmira 阿乞弭(二合)囉.

ka+mi를 하면 kmi로 표기된다.

✿ 梵語雜名 1019번 大黃 padmacari 鉢納麽(二合)者哩.

da+를 하면 dma로 표기된다.

42. ya.

필순(筆順)

✿ 梵語千字文 21번 往 yati 野底(丁以反).

瑜伽金剛頂經釋字母品- ya 野字門一切法乘不可得故.

ya의 이체자(異體字) 입니다.

앞에서 언급한 ma의 변화형입니다.

yā, yi, yī, , yu, yū,

ye, yai, yo, yau, yaṃ,

yaḥ, yṛ, yṝ.

✿ 梵語千字文 5번 陰 chāyā 縒(引)也(引).

✿ 梵語千字文 15번 風 vayu 嚩庾.

ya는 중첩자에서 상부(上部)는 , 하부(下部)는 로 표기된다.

✿ 梵語千字文 3번 日 surya 素(引)哩也(二合).

ra+ya를 하면 rya로 표기된다.

✿ 梵語千字文 14번 電 vidyu 尾儞庾(二合).

da+yu를 하면 dyu로 표기된다.

✿ 梵語千字文 44번 物 dravya 捺羅(二合)尾也(二合).

va+ya를 하면 vya로 표기된다.

✿ 梵語千字文 103번 迎 pratyagamana 鉢羅(二合)底也(二合)誐摩曩.

ta+ya를 하면 tya로 표기된다.

✿ (No. 2133A 梵語千字文 1190페이지 103번 迎 pratyāgamana).

ta+yā를 하면 tyā로 표기된다.

✿ 梵語雜名 334번 迎 pratyudaśamana 鉢囉底喩捺誐麽曩.

ta+yu를 하면 tyu르 표기된다.

✿ 梵語千字文 155번 福 puṇya 本寧也.

ṇa+ya를 하면 ṇya로 표기된다.

❁ (No. 2133A 梵語千字文 1194페이지 識語 10번 福 puṇyaṃ).

ṇa+yaṃ를 하면 ṇyaṃ로 표기된다.

✿ 梵語千字文 192번 能 śakya 舍枳也(二合).

ka+ya를 하면 kya로 표기된다.

✿ 梵語千字文 201번 講 vyākhyānaṃ 弭也(二合)企也(二合)南.

va+yā를 하면 vyā로 표기된다.

kha+yā를 하면 khyā로 표기된다.

✿ 梵語千字文 206번 揚 dyāta 儞喩(二合)(引)多.

da+yā를 하면 dyā로 표기된다.

❁ (No. 2133A 梵語千字文 1191페이지 202번 揚 dyota).

da+yo를 하면 dyo로 표기된다.

✿ 梵語千字文 239번 含 maryādā 摩哩也(二合)(引)娜(引).

ra+yā를 하면 ryā로 표기된다.

✿ 梵語千字文 255번 邪 mithyā 弭(上)體也(二合)(引).

tha+yā를 하면 thyā로 표기된다.

✿ 梵語千字文 290번 祕 guhya 虞呬也(二合).

ha+ya를 하면 hya로 표기된다.

✿ 梵語千字文 292번 衡 tulya 覩理也(二合).

la+ya를 하면 lya로 표기된다.

✿ 梵語千字文 295번 人 janamanuṣya 惹曩摩努灑也(二合).

ṣa+ya를 하면 ṣya로 표기된다.

✿ 梵語千字文 318번 江 mahānadya 摩訶曩儞也(二合).

da+ya를 하면 dya로 표기된다.

✿ 梵語千字文 386번 旋 bhramyati 孛囉弭野(二合)底.

ma+ya를 하면 mya로 표기된다.

✿ 梵語千字文 395번 裏 abhyentara 阿便(上)多羅.

bha+ye를 하면 bhye로 표기된다.

❁ (No. 2133A 梵語千字文 1192페이지 388번 裏 abhyantara).

bha+ya를 하면 bhya로 표기된다.

✿ 梵語千字文 517번 嬾 ālasya 阿(引)攞寫.

sa+ya를 하면 sya로 표기된다.

✿ 梵語千字文 519번 晨 suryodaya 素哩嚩(二合)娜也.

ra+yo를 하면 ryo로 표기된다.

✿ 梵語千字文 541번 稻 dhānya 馱(引)儞也(二合)(鼻音).

na+ya를 하면 nya로 표기된다.

✿ 梵語千字文 630번 潜 acṛśya 阿濕哩(二合)捨也(二合).

śa+ya를 하면 śya로 표기된다.

✿ 梵語千字文 633번 禪 dhyāna 馱(引)曩.

dha+yā를 하면 dhyā로 표기된다.

✿ 梵語千字文 705번 裳 parhyaṇa 鉢賀也(二合)拏.

ra+hya를 하면 rhya로 표기된다.

✿ 梵語千字文 731번 灑 saṃcya 僧思也.

ca+ya를 하면 cya로 표기된다.

✿ 梵語千字文 777번 習 abhyāsa 阿毘也(二合)(引)娑.

bha+yā를 하면 bhyā로 표기된다.

✿ 梵語千字文 818번 依 māśṛnyā 摩(引)室哩(二合)儞也(二合).

na+yā를 하면 nyā로 표기된다.

✿ 梵語千字文 879번 六趣 ṣatyonī 灑覩愈(二合)儞.

ta+yo를 하면 tyo로 표기된다.

✿ 梵唐消息 105번 銀 rupya 盧波也.

pa+ya를 하면 pya로 표기된다.

✿ 梵唐消息 231번 不見 napaśyāmi 捺波舍也(二合)(引)弭.

śa+yā를 하면 śyā로 표기된다.

✿ 梵唐消息 288번 牆 kuttya 俱多也.

ta+tya를 하면 ttya로 표기된다.

✿ 梵語千字文 364번 期 pratyeka 鉢羅(二合)底曳(二合)迦.

ta+ye를 하면 tye로 표기된다.

✿ 梵語雜名 994번 柿 tyaṃtusa 底孕覩娑.

ta+yaṃ를 하면 tyaṃ으로 표기된다.

❁ (No. 2133A 梵語千字文 1191페이지 343번 魚 matsya).

ta+sya를 하면 tsya으로 표기된다.

✿ 唐梵文字 843번 之 syāṃ.

sa+yāṃ를 하면 syāṃ로 표기된다.

✿ 唐梵文字 985번 方 tyāṃ.

ta+yāṃ를 하면 tyāṃ로 표기된다.

✿ 梵語雜名 150번 講 vyakhyana 尾也企也曩.

kha+ya를 하면 khya로 표기된다.

✿ 梵語雜名 231번 可 avasyaṃ 阿縛悉衍.

sa+yaṃ를 하면 syaṃ으로 표기된다.

✿ 梵語雜名 246번 病 myādhi 弭也(引)地.

ma+yā를 하면 myā로 표기된다.

✿ 梵語雜名 385번 福 pūṇye 補哦曳.

ṇa+ye를 하면 ṇye로 표기된다.

✿ 梵語雜名 1003번 藥 bhaiṣajya 毘煞社.

ja+ya를 하면 jya로 표기된다.

✿ 梵語雜名 1112번 椽 karyaṃśa 迦里孕舍.

ra+yaṃ를 하면 ryaṃ으로 표기된다.

✿ 梵語千字文 59번 兄 jyeṣṭabhrāta 爨瑟姹(二合)勃羅(二合)多.

ja+ye를 하면 jye로 표기된다.

43. ra.

필순(筆順)

✿梵語千字文 310번 衢 rathya 囉他也(二合).

瑜伽金剛頂經釋字母品- ra 囉字門一切法離諸塵染故.

ra의 이체자(異體字) 입니다.

앞에서 언급한 ra의 변화형입니다.

rā, ri, rī, ru, rū,

re, rai, ro, rau, raṃ,

raḥ, rṛ, rṝ.

✿ 梵語千字文 982번 過 aparādha 阿跛囉馱.

✿ 梵語千字文 944번 敍 tirisa 底哩縒.

✿ 梵語千字文 142번 身 śarīra 設利(引)囉.

✿ 梵語千字文 54번 設 uru 烏嚕.

✿ 梵語千字文 151번 惡 virūpa 尾嚕(引)跛.

✿ 梵語千字文 902번 毛 romā 路摩(引).

✿ 梵語千字文 697번 城 nagaraṃ 曩誐囕.

✿ 梵語千字文 12번 暗 addhakaraḥ 阿怛迦洛.

ra는 중첩자에서 상부(上部)는 , 하부(下部)는 로 표기된다.

✿ 梵語千字文 1번 天 svarga 娑嚩(二合)羅誐(二合).

ra+ga를 하면 rga로 표기된다.

✿ 梵語千字文 16번 雨 varṣa 縛囉沙(二合).

ra+ṣa를 하면 rṣa로 표기된다.

✿ 梵語千字文 25번 東 purva 布羅嚩(二合).

ra+ va를 하면 rva로 표기된다.

✿ 唐梵文字 314번 星 darśaya.

ra+ śa를 하면 rśa로 표기된다.

✿ 梵語千字文 62번 義 artha 遏他.

ra+ tha를 하면 rtha로 표기된다.

✿ 梵語千字文 13번 雷 devagarjati 禰嚩蘖惹底(丁以反).

ra+ ja를 하면 rja로 표기된다.

✿ 梵語千字文 139번 箴 garhaṇa 蘖賀(上)拏.

ra+ ha를 하면 rha로 표기된다.

✿ 梵語千字文 172번 蕤 śardhala 設馱羅.

ra+ dha를 하면 rdha로 표기된다.

✿ 梵語千字文 231번 愚 murkha 母(引)囉佉(二合).

ra+ kha를 하면 rdha로 표기된다.

✿ 梵語千字文 350번 麗 vitarka 尾怛迦.

ra+ ka를 하면 rka로 표기된다.

✿ 梵語千字文 512번 澤 varta 縛囉多.

ra+ ta를 하면 rta로 표기된다.

✿ 唐梵文字 495번 澤 (?) varbha(?).

ra+ bha를 하면 rbha로 표기된다.

✿ 梵語千字文 470번 箕 śurpa 戍(書聿反)跛.

ra+ pa를 하면 rpa로 표기된다.

✿ 梵語千字文 655번 長 dīrgha 儞(寧一反)伽.

ra+ gha를 하면 rgha로 표기된다.

✿ 梵語雜名 56번 胸 marma 末喇麼, jaru 惹嚕.

ra+ ma를 하면 rma로 표기된다.

✿ 梵語千字文 424번 酌 darviuttola 捺喇尾鄔妬攞.

ra+ vi를 하면 rvi로 표기된다.

✿ 梵語雜名 200번 酌 dardhi 捺喇地.

ra+ dhi를 하면 rdhi로 표기된다.

✿ 梵語千字文 696번 涅槃 nirvāṇa 儞(儞逸反)縛(引)拏.

ra+ vā를 하면 rvā로 표기된다.

✿ 梵唐消息 33번 偏 parśva 鉢羅濕嚩.

ra+ śva를 하면 rśva로 표기된다.

✿ 梵唐消息 42번 塼 parkiṭa 博佉吒.

ra+ ki를 하면 rki로 표기된다.

✿ 梵唐消息 283번 上 urdhva 鬱嚩.

ra+ dhva를 하면 dhva로 표기된다.

✿ 梵語千字文 143번 節 parvva 鉢嚩(二合)(重).

ra+ vva를 하면 rvva로 표기된다.

✿ 梵語千字文 144번 儉 durbhikṣā 訥避乞灑(二合)(引).

ra+ bhi를 하면 rbhi로 표기된다.

✿ 梵語千字文 3번 日 surya 素(引)哩也(二合).

ra+ ya를 하면 rya로 표기된다.

✿ 梵語千字文 4번 月 candra 戰達羅(二合).

na+ dra를 하면 ndra로 표기된다.

✿ 梵語千字文 10번 夜 rātri 囉(引)底哩(二合).

ta+ ri를 하면 tri로 표기된다.

❁ (No. 2133A 梵語千字文 1190page 10번 夜 rattri).

ta+ tri를 하면 ttri로 표기된다.

✿ 唐梵文字 506 宵 rātrī.

ta+ rī를 하면 trī로 표기된다.

✿ 梵唐消息 5번 星 dakṣatra 那乞叉(二合)怛囉(二合).

ta+ ra를 하면 tra로 표기된다.

✿ 梵語千字文 18번 流 srota 素路(二合)多.

sa+ ro를 하면 sro로 표기된다.

✿ 唐梵文字 1054 雲 śrutā.

śa+ ru를 하면 śru로 표기된다.

✿ 梵語千字文 33번 皇 devaputtra 禰嚩補怛羅(二合).

ta+ tra를 하면 ttra로 표기된다.

✿ 梵語千字文 59번 兄 jyeṣṭabhrāta 儞瑟姹(二合)勃羅(二合)多.

bha+ rā를 하면 bhrā로 표기된다.

❁ (No. 2133A 梵語千字文 1194page 識語 13번 父 pitrā).

ta+ rā를 하면 trā로 표기된다.

✿ 梵語千字文 79번 貧 daridrā 娜哩捺羅(二合)(引).

+ rā를 하면 drā로 표기된다.

✿ 梵語千字文 80번 寠 adravya 阿捺羅(二合)弭也(二合).

+ ra를 하면 dra로 표기된다.

✿ 梵語千字文 84번 軒 uchrapita 烏縒囉(二合)(引)比多.

cha+ ra를 하면 chra로 표기된다.

✿ 梵語千字文 94번 千 sahasra 娑訶(上)娑羅(二合).

sa+ ra를 하면 sra로 표기된다.

✿ 梵語千字文 102번 女 strī 悉怛哩(三合)(引).

sa+ trī를 하면 strī로 표기된다.

✿ 梵語千字文 103번 迎 pratyagamana 鉢羅(二合)底也(二合)誐摩曩.

pa+ ra를 하면 pra로 표기된다.

✿ 梵語千字文 109번 賣 vikrīṇa 尾訖利(二合)拏.

ka+ rī를 하면 krī로 표기된다.

✿ 梵語千字文 110번 買 kriṇa 訖哩(二合)拏.

ka+ ri를 하면 kri로 표기된다.

✿ 梵語千字文 134번 聞 śrūta 戍嚕(二合)多(上).

śa+ rū를 하면 śrū로 표기된다.

✿ 梵語千字文 154번 敦 guruśraddhā 虞嚕室囉馱(引).

śa+ ra를 하면 śra로 표기된다.

✿ 梵語千字文 168번 瑮 śroṣṭamuṃsalā.

śa+ ro를 하면 śro로 표기된다.

✿ 唐梵文字 174번 琛 śreṣṭamusara.

śa+ re를 하면 śre로 표기된다.

✿ 梵語千字文 203번 論 śastra 設娑怛羅(三合).

sa+ tra를 하면 stra로 표기된다.

✿ 梵語千字文 214번 過 atikrātrā 阿底乞蘭(二合)(引)怛羅(二合)(引).

ka+ rā를 하면 krā로 표기된다.

✿ 梵語千字文 219번 推 prera 比唎囉.

pa+ re를 하면 pre로 표기된다.

✿ 梵語千字文 239번 含 maryādā 摩哩也(二合)(引)娜(引).

ra+ yā를 하면 ryā로 표기된다.

✿ 梵語千字文 244번 毫 romnaurṇa 路摩曩(二合)嘔囉拏(二合).

ra+ ṇa를 하면 rṇa로 표기된다.

✿ 梵語千字文 325번 銅 tāṃmra 擔(引)摩囉(二合).

ma+ ra를 하면 mra로 표기된다.

✿ 梵語千字文 352번 進 krama 訖羅(二合)摩.

ka+ ra를 하면 kra로 표기된다.

✿ 梵語千字文 353번 鶴 krojje 句路(二合)惹洩(二合).

ka+ ro를 하면 kro로 표기된다.

✿ 梵語千字文 386번 旋 bhramyati 孛囉弭野(二合)底.

bha+ ra를 하면 bhra로 표기된다.

✿ (No. 2133A 梵語千字文 1192page 380번 旋 bhremyati).

bha+ re를 하면 bhre로 표기된다.

✿ 梵語千字文 437번 返 gracṛ 仡羅(二合)戚(戚以反)哩(二合).

ga+ ra를 하면 gra로 표기된다.

✿ 梵語千字文 466번 鎌 dātraṃ 娜(引)怛覽(二合).

ta+ raṃ를 하면 traṃ으로 표기된다.

✿ 唐梵文字 453번 鎗 adātrāṃ

ta+ rāṃ를 하면 trāṃ으로 표기된다.

✿ 梵語千字文 479번 執 grāha 仡羅(二合)(引)賀.

ga+ rā를 하면 grā로 표기된다.

✿ 梵語千字文 496번 急 śīghra 始伽羅(二合).

gha+ ra를 하면 ghra로 표기된다.

✿ 梵語雜名 298번 急 śīghraṃ 始竭藍.

+ raṃ를 하면 ghraṃ으로 표기된다.

✿ 梵語千字文 859번 催 śīghrū 施伽路(二合).

+ rū를 하면 ghrū로 표기된다.

✿ (No. 2133A 梵語千字文 1194페이지 848번 催 śīghraḥ).

+ raḥ를 하면 śīghraḥ로 표기된다.

✿ 梵語千字文 519번 晨 suryodaya 素哩嚘(二合)娜也.

ra+ yo를 하면 ryo로 표기된다.

✿ 梵語千字文 630번 穴 chidra 七捺囉(二合).

da+ ra를 하면 dra로 표기된다.

✿ 梵語千字文 781번 可 varttate 韈多(重)帝.

ra+ 를 하면 로 표기된다.

✿ 梵語千字文 705번 裳 parhyaṇa 鉢賀也(二合)拏.

ra+ hya를 하면 rhya로 표기된다.

✿ 梵語千字文 314번 陌 kṣullevarmma 乞芻(二合)儞嚩(無撥反)摩.

ra+ mma를 하면 rmma로 표기된다.

✿ 梵語千字文 707번 被 rātrophana 囉(引)怛路(二合)頗曩.

ta+ tro를 하면 tro로 표기된다.

✿ 梵語千字文 734번 鏗 suvarṇṇa 蘇韈拏(重).

ra+ ṇṇa를 하면 rṇṇa로 표기된다.

✿ 梵唐消息 104번 金 suvarṇḍa 素韈拏.

ra+ ṇḍa를 하면 rṇḍa로 표기된다.

✿ 梵語千字文 898번 牙 daṃṣṭra 能(上)沙吒羅(三合)(引).

ṣa+ ṭra를 하면 ṣṭra로 표기된다.

✿ 梵語千字文 901번 項 grīvā 紇哩(二合)縛(引).

ga+ rī를 하면 grī로 표기된다.

✿ 梵語千字文 918번 瘡 vraṇa 沒囉(二合)拏.

va+ ra를 하면 vra로 표기된다.

✿ 梵唐消息 34번 醜 aghrīsādika 阿伽里娑姪迦.

+ rī를 하면 ghrī로 표기된다.

✿ 梵唐消息 82번 眉 bhrū 補嚕.

bha+ rū를 하면 bhrū로 표기된다.

✿ 梵唐消息 108번 布 uṣbrī 烏史婆羅.

ṣa+brī를 하면 ṣbrī로 표기된다.

❁ (No. 2133A 梵唐消息 1195페이지 109번 布 uṣprī).

ṣa+prī를 하면 ṣprī로 표기된다.

✿ 梵唐消息 162번 短 hrasva 呵羅莎婆.

ha+ ra를 하면 hra로 표기된다.

✿ 梵唐消息 212번 得 prāpta 鉢囉(二合)(引)波多(二合).

pa+ rā를 하면 prā로 표기된다.

✿ 梵唐消息 253번 困 śrānta 捨蘭多.

śa+ rā를 하면 śra로 표기된다.

✿ 梵唐消息 254번 請 nipantra 顊半多羅.

na+tra를 하면 ntra로 표기된다.

❁ (No. 2133A 梵語千字文 1190페이지 152번 滅 nirnṛta).

ra+ nṛ를 하면 rnṛ로 표기된다.

✿ 唐梵文字 508번 鞭 mastrāka.

sa+trā를 하면 strā로 표기된다.

✿ 梵語雜名 105번 醜 asevana 阿勢嚩曩, durvarṇaṃ 訥唎縛喇喃.

ra+ṇaṃ를 하면 rṇaṃ으로 표기된다.

✿ 梵語雜名 206번 堀 nirsudami 涅蘇達彌.

ra+su를 하면 rsu로 표기된다.

✿ 梵語雜名 337번 追 akarṣita 阿羯嚟史哆.

ra+ṣi를 하면 rṣi로 표기된다.

✿ 梵語雜名 428번 無慚 ahrī 阿紇里.

+rī를 하면 hrī로 표기된다.

✿ 梵語雜名 540번 白疊 karpāsa 却波(引)薩.

ra+pā를 하면 rpā로 표기된다.

✿ 梵語雜名 605번 親 rthā 羅他(引).

ra+thā를 하면 rthā로 표기된다.

✿ 梵語雜名 718번 八月 karttika 迦嘌底(二合)迦.

ra+tti를 하면 rtti로 표기된다.

✿ 梵語雜名 854번 尾 purthi 補嘌體(二合).

ra+thi를 하면 rthi로 표기된다.

✿ 梵語雜名 885번 罽賓 karpiśaya 劫比舍也.

ra+pi를 하면 rpi로 표기된다.

✿ 梵語雜名 968번 蟬 cirra 質羅(重).

ra+ra를 하면 rra로 표기된다.

✿ 梵語千字文 990번 青桐 triparṇi 怛里(二合)跛哩抳(二合).

ra+ṇi를 하면 rṇi로 표기된다.

✿ 梵語雜名 1242번 伯 jyeṣṭapitre 滯(准上)瑟姹(二合)比怛隸(二合).

ta+re를 하면 로 표기된다.

44. la.

필순(筆順)

✿ 梵語千字文 403번 鹽 lavaṇa 攞博拏.

瑜伽金剛頂經釋字母品- la 邏字門一切法相不可得故.

la의 이체자(異體字) 입니다.

앞에서 언급한 la의 변화형입니다.

lā, li, lī, lu, lū,

le, lai, lo, lau, laṃ,

laḥ, lṛ, lṝ.

✿ 梵語千字文 120번 貨 vikrīlā 尾訖哩(二合)攞(引).

✿ 梵語千字文 114번 務 karalīya 迦囉理(引)也.

✿ 梵語千字文 233번 紙 kākali 迦(引)迦哩.

✿ 梵語千字文 793번 文 lekha 隷法(上).

✿ 梵語千字文 361번 黃 pītalaṃ 庇多覽.

✿ 梵語千字文 11번 明 ālokaḥ 阿(引)路脚.

la는 중첩자에서 상부(上部)는 , 하부(下部)는 로 표기된다.

✿ 梵語千字文 292번 衡 tulya 覩理也(二合).

la+ ya를 하면 lya로 표기된다.

✿ 梵語千字文 314번 陌 kṣullevarmma 乞芻(二合)儞嚩(無撥反)摩.

la+ le를 하면 lle로 표기된다.

✿ 梵語千字文 615번 羅 callani 左攞(重)儞.

la+ la를 하면 lla로 표기된다.

✿ 梵語千字文 654번 炬 ulka 嗢攞迦(二合).

la+ka를 하면 lka로 표기된다.

✿ 梵語千字文 848번 惱 kleśa 訖棣(二合)奢.

ka+le를 하면 kle로 표기된다.

✿ 梵語千字文 959번 腂 gulpha 虞攞頗(二合).

la+pha를 하면 lpha로 표기된다.

45. va.

필순(筆順)

✿ 梵語千字文 15번 風 vayu 嚩庾.

瑜伽金剛頂經釋字母品- va 邏字門一切法相不可得故.

va의 이체자(異體字) 입니다.

앞에서 언급한 va의 변화형입니다.

vā, vi, vī, , vu, vū,

ve, vai, vo, vau, vaṃ,

vaḥ, vṛ, vṝ.

✿ 梵語千字文 222번 渠 vāha 嚩(引)賀(上).

✿ 梵語千字文 2번 地 pṛthivi 跛哩(二合)體(他以反)尾.

✿ 梵語千字文 289번 英 medhāvī 迷馱(引)尾.

✿ 梵語千字文 258번 暢 praviveka 鉢羅(二合)尾吠迦.

✿ 梵語雜名 1242번 吠舍 vaiśaya 吠舍也.

✿ 梵語千字文 288번 玄 duravavodha 努羅嚩冒馱.

✿ 梵語千字文 504번 植 vavaḥ 嚩嚩(無博反).

- 梵語千字文 63번 弘 vṛhat 物哩(二合)訶多(半音).
- 梵唐消息 35번 端 rūpavaṃsa 嚕波鏝娑.
- (No. 2133A 梵唐消息 1195페이지 35번 端正 rūpavāṃ sobhaṇa).

va는 중첩자에서 상부(上部)는 , 하부(下部)는 로 표기된다.

- 梵語千字文 1번 天 svarga 娑嚩(二合)羅誐(二合).

  sa+ va를 하면 sva로 표기된다.

- 梵語千字文 25번 東 purva 布羅嚩(二合).

  ra+ va를 하면 rva르 표기된다.

- 梵語千字文 92번 素 śveta 濕吠(二合)多.

  śa+ ve를 하면 śve르 표기된다.

- 梵唐消息 283번 上 urdhva 鬱嚩.

  ra+ dhva를 하면 dḥva로 표기된다.

- 梵語千字文 143번 節 parvva 鉢嚩(二合)(重).

  ra+ vva를 하면 rvva로 표기된다.

- 梵語千字文 207번 理 vyavahāra 弭也(二合)縛賀(引)囉.

  va+ ya를 하면 vya로 표기된다.

- 梵語千字文 201번 講 vyākhyānaṃ 弭也(二合)佉也(二合)南.

  va+ yā를 하면 vyā로 표기된다.

- 梵語千字文 216번 肆 catvārata 左怛縛(二合)曷吒.

  ta+ vā를 하면 tvā로 표기된다.

- 梵語千字文 260번 情 satva 薩怛嚩(二合).

ta+ va를 하면 tva로 표기된다.

✿ 梵語千字文 269번 君 svāmi 娑嚩(二合)(引)弭.

sa+ vā를 하면 svā로 표기된다.

✿ 梵語千字文 424번 酌 darviuttola 捺喇尾鄔妬攞.

ra+ vi를 하면 rvi로 표기된다.

✿ 梵語千字文 696번 涅槃 nirvāṇa 儞(儞逸反)縛(引)拏.

ra+ vā를 하면 rvā로 표기된다.

✿ 梵語千字文 531번 馬 aśva 阿濕嚩(二合).

śa+ va를 하면 śva로 표기된다.

✿ 梵語千字文 722번 氍毹 varṇakamvala 韈拏劍摩攞.

ma+ va를 하면 mva로 표기된다.

✿ 梵語千字文 762번 潤 prasveda 鉢囉(二合)娑吠(二合)娜.

sa+ ve를 하면 sve로 표기된다.

✿ 梵語千字文 904번 舌 jihva 爾賀嚩(二合).

ha+ va를 하면 hva로 표기된다.

✿ 梵語千字文 907번 懸 lamvita 藍弭多.

✿ 唐梵文字 3번 兩 dvai.

da+ 를 하면 dvai로 표기된다.

✿ 梵語千字文 932번 面 dvau 努舞(二合)(引).

da+ vau를 하면 dvau로 표기된다.

✿ (No. 2133A 梵語千字文 1194페이지 921번 面 drauḥ).

da+ rauḥ를 하면 drauḥ로 표기된다.

✿ 梵唐消息 33번 偏 parśva 鉢羅濕嚩.

ra+śva를 하면 rśva로 표기된다.

✿ 梵唐消息 61번 狗 śvāna 濕婆那.

śa+vā를 하면 śvā로 표기된다.

✿ 梵唐消息 283번 上 urdhva 鬱嚩.

ra+dhva를 하면 rdhva로 표기된다.

✿ 梵語雜名 1067번 幢 dvaja 馱縛(二合)若.

da+va를 하면 dva로 표기된다.

✿ 梵語雜名 1085번 胄 nikhvata 儞佉縛(二合)多.

kha+va를 하면 khva로 표기된다.

46. śa.

필순(筆順)

✿ 梵語千字文 97번 聲 śabda 攝婆娜(二合).

瑜伽金剛頂經釋字母品-śa 捨字門一切法本性寂故.

śa의 이체자(異體字) 입니다.

앞에서 언급한 śa의 변화형입니다.

śā, śi, śī, śu, śū,

śe, śai, śo, śau, śaṃ,

śaḥ, śṛ, śṝ.

✿ 梵語千字文 534번 槊 śakti 鑠底.

✿ 梵語千字文 459번 厨 raddhanaśāla 羅馱囊舍(引)攞.

✿ 梵語千字文 135번 砥 śilā 始攞(引).

✿ 梵語千字文 775번 早 śīghra 施伽羅(二合).

✿ 梵語千字文 86번 淨 śuci 輸(上)止.

❁ (No. 2133A 梵語千字文 1192페이지 463번 箕 śūrpa).

✿ 梵語千字文 136번 礪 śela 勢(引)攞.

❁ (No. 2133A 梵語千字文 1190페이지 136번 礪 śaila).

✿ 梵語千字文 61번 孝 śoka 戍迦.

✿ 唐梵文字 749번 僅 (?) ktaśaulā(?).

✿ 梵唐消息 261번 臥 śauta 澡多.

✿ 唐梵文字 878번 密 śaṃbhī.

✿ 梵語千字文 818번 依 māśṛnyā 摩(引)室哩(二合)儞也(二合).

śa는 중첩자에서 상부(上部)는 , 하부(下部)는 로 표기된다.

✿ 梵語千字文 26번 西 paśvema 波室制(二合)摩.

śa+ ve를 하면 śve로 표기된다.

❁ (No. 2133A 梵語千字文 1190페이지 26번 置 paścima).

śa+ ci를 하면 ści로 표기된다.

✿ 梵語千字文 134번 聞 śrūta 戍嚕(二合)多(上).

śa+ rū를 하면 śrū로 표기된다.

✿ 梵語千字文 154번 敦 guruśraddhā 虞嚕室囉馱(引).

śa+ ra를 하면 śra로 표기된다.

✿ 梵語千字文 168번 璨 śroṣṭamuṃsalā.

śa+ro를 하면 śro로 표기된다.

✿ 唐梵文字 174번 瑹 śreṣṭamusara.

śa+re를 하면 śre로 표기된다.

✿ 梵語千字文 263번 雅 praśnaka 鉢羅(二合)始儞(二合)迦.

śa+na를 하면 śna로 표기된다.

❁ (No. 2133A 梵語千字文 1191페이지 259번 雅 praśnika).

śa+ni를 하면 śni로 표기된다.

✿ 梵語千字文 323번 呈 darśaya 捺羅捨(二合)也.

ra+śa를 하면 rśa로 표기된다.

✿ 梵語千字文 531번 馬 aśva 阿濕嚩(二合).

śa+va를 하면 śva로 표기된다.

✿ 梵語千字文 631번 潛 acṛśya 阿濕哩(二合)捨也(二合).

śa+ya를 하면 śya로 표기된다.

✿ 梵語千字文 672번 靈 śapaāścarya 捨跛阿室左(二合)哩也(二合).

śa+ca를 하면 śca로 표기된다.

✿ 梵唐消息 33번 偏 parśva 鉢羅濕嚩.

ra+śva를 하면 rśva로 표기된다.

✿ 梵唐消息 61번 狗 śvāna 濕婆那.

śa+vā를 하면 śvā로 표기된다.

❁ (No. 2133A 梵唐消息 1195page 62번 狗 ścāna).

śa+cā를 하면 ścā로 표기된다.

✿ 梵唐消息 231번 不見 napaśyāmi 捺波舍也(二合)(引)弭.

śa+yā를 하면 śyā로 표기된다.

✿ 梵唐消息 253번 困 śrānta 捨闌多.

śa+ rā를 하면 śrā로 표기된다.

✿ 梵唐消息 287번 光 raśmi 羅濕弭(二合).

śa+mi를 하면 śmi로 표기된다.

✿ 唐梵文字 986번 便 śruvi.

śa+ ru를 하면 śru로 표기된다.

✿ 唐梵文字 1006번 依 āśra.

śa+ ra를 하면 śra로 표기된다.

✿ 梵語雜名 360번 信 śrīṅdhe 室唎儞弟.

śa+ rī를 하면 śrī로 표기된다.

47. ṣa.

필순(筆順)

✿ 梵語千字文 659번 六 ṣaṭ 殺吒(半).

瑜伽金剛頂經釋字母品- ṣa 灑字門一切法性鈍故.

ṣa의 이체자(異體字) 입니다.

앞에서 언급한 ṣa의 변화형입니다.

ṣa, ṣā, ṣi, ṣī, , ṣu ṣū,

ṣe, ṣai, ṣo, ṣau, ṣaṃ,

ṣaḥ, ṣṛ, ṣṝ,

✿ 梵語雜名 796번 霜 tuṣāra 覩沙(引)羅.

✿ 梵語千字文 508번 農 kṛṣi 訖里(二合)史.

✿ 梵語雜名 598번 豆 maṣī 麼史(引).

✿ 梵語雜名 979번 蚤 piṣuka 比數迦.

✿ 梵語千字文 45번 策 abhiṣeka 阿毘世迦.

ṣa는 중첩자에서 상부(上部)는 , 下部는 로 표기된다.

✿ 梵語千字文 16번 雨 varṣa 縛囉沙(二合).

ra+ṣa를 하면 rṣa로 표기된다.

✿ 梵語千字文 30번 下 heṣṭa 係瑟姹(重).

ṣa+ṭa를 하면 ṣṭa로 표기된다.

✿ 梵語千字文 89번 華 puṣpa 補澁波(二合).

ṣa+pa를 하면 ṣpa로 표기된다.

✿ 梵語千字文 215번 閱 dṛṣṭi 涅哩(二合)瑟置(二合).

ṣa+ṭi를 하면 ṣṭi로 표기된다.

✿ 梵語千字文 266번 淑 ṣrārthana 沙囉他曩.

ṣa+ rā를 하면 ṣrā로 표기된다.

✿ 梵語千字文 278번 難 duṣkara 訥娑迦(二合)囉.

ṣa+ka를 하면 ṣka로 표기된다.

✿ 梵語千字文 829번 貪 tṛṣṇā 怛哩(二合)瑟拏(二合)(引).

ṣa+ṇā를 하면 ṣṇā로 표기된다.

✿ 梵語千字文 866번 煻 uṣṇa 塢瑟拏(二合).

ṣa+ṇa를 하면 ṣṇa로 표기된다.

✿ 梵語千字文 968번 唾 sreṣma 室隸(二合)澁摩(二合).

ṣa+ma를 하면 로 표기된다.

✿ 梵唐消息 90번 牙 daṃṣṭra 壇瑟吒羅.

ṣa+ṭra를 하면 ṣṭra로 표기된다.

✿ 梵唐消息 108번 布 uṣbrī 烏史婆羅.

ṣa+brī를 하면 ṣbrī로 표기된다.

✿ 梵唐消息 146번 六十 ṣaṣṭīśa 娑瑟知舍.

ṣa+ṭī를 하면 ṣṭī로 표기된다.

✿ 唐梵文字 209번 闕 dṛṣṭā.

ṣa+ṭā를 하면 ṣṭā로 표기된다.

✿ 唐梵文字 909번 頂 uṣṇīṣa.

ṣa+ṇī를 하면 ṣṇī로 표기된다.

✿ 唐梵文字 1002번 持 ṣṭaṃna.

ṣa+ṭaṃ를 하면 ṣṭaṃ으로 표기된다.

✿ 梵語雜名 12번 唾 sreṣyama 施棣(二合)史也[illegible]忙.

ṣa+ya를 하면 ṣya으로 표기된다.

✿ 梵語雜名 337번 追 akarṣita 阿羯嘌史哆.

ra+ṣi를 하면 rṣi로 표기된다.

✿ 梵語雜名 1209번 淨 pṣeva 波曬(二合)縛.

pa+ṣe를 하면 pṣe로 표기된다.

48. sa.

필순(筆順)

✿ 梵語千字文 38번 賤 samargha 娑末羅伽.

瑜伽金剛頂經釋字母品- sa 娑(上)字門一切法一切諦不可得故.

sa의 이체자(異體字) 입니다.

앞에서 언급한 sa의 변화형입니다.

sā, si, sī, , su, , sū,

se, sai, so, sau, saṃ,

saḥ, sṛ, sṝ.

✿ 梵語千字文 60번 弟 kanyasābhrāta 迦儞也(二合)娑(引)勃羅(二合)(引)多.

✿ 梵語千字文 756번 悉曇 siddhāṃ 悉曇.

✿ 梵語千字文 499번 封 sīvana 枲(引)縛那.

✿ 梵語千字文 3번 日 surya 素(引)哩也(二合).

❁ (No. 2133A 梵語千字文 1190페이지 3번 日 sūrya).

✿ 梵語千字文 712번 侪 praseva 鉢囉(二合)細嚩.

✿ 梵語千字文 380번 基 sopanaṃ 素播難.

✿ 梵語千字文 632번 形 saṃstanaṃ 僧娑多(二合)喃.

✿ 唐梵文字 418번 箸 sṝtisana.

❁ (No. 2133A 梵語千字文 1190페이지 9번 晝 divāsaḥ).

sa는 중첩자에서 상부(上部)는 , 하부(下部)는 로 표기된다.

✿ 梵語千字文 1번 天 svarga 娑嚩(二合)羅誐(二合).

sa+ va를 하면 sva로 표기된다.

✿ 梵語千字文 31번 相 parasmara 跛羅娑摩(二合)羅.

sa+ma를 하면 sma로 표기된다.

✿ 梵語千字文 914번 相 paraspara 跛囉沙波(二合)羅.

sa+pa를 하면 spa로 표기된다.

✿ 梵語千字文 18번 流 srota 素路(二合)多.

sa+ro를 하면 sro로 표기된다.

✿ 梵語雜名 818번 流 srāta 卒嚕哆.

sa+rā를 하면 srā로 표기된다.

✿ 梵語千字文 48번 主 svāmi 娑縛(二合)弭.

sa+vā를 하면 svā로 표기된다.

✿ 梵語千字文 71번 同 ekasthā 曀迦娑佗(上)(引).

sa+thā를 하면 sthā로 표기된다.

✿ 梵語千字文 90번 柱 stambha 娑擔(二合)婆(入)(重呼).

sa+ta를 하면 sta로 표기된다.

✿ 梵語千字文 94번 千 sahasra 娑訶(上)娑羅(二合).

sa+ra를 하면 sra로 표기된다.

✿ 梵語千字文 102번 女 strī 悉怛哩(三合)(引).

sa+trī를 하면 strī로 표기된다.

✿ 梵語千字文 127번 少 stoka 窣姤(二合)迦.

sa+to를 하면 sto로 표기된다.

✿ 梵語千字文 205번 激 āsphoṭa 阿(引)娑怖(二合)吒.

sa+pho를 하면 spho로 표기된다.

✿ 梵語千字文 294번 立 sthita 悉體(二合)多.

sa+thi를 하면 sthi로 표기된다.

✿ 梵語千字文 302번 戎 āyudhaśastra 阿庾馱設娑多羅(三合).

sa+tra를 하면 stra로 표기된다.

✿ 梵語千字文 312번 驛 sthānaśalā 娑佗(二合)(引)曩舍攞(引).

sa+thā를 하면 sthā로 표기된다.

✿ 梵語千字文 392번 靜 skanda 娑建馱.

sa+ka를 하면 ska도 표기된다.

✿ 梵語千字文 433번 踞 svastikasana 娑嚩(二合)娑底(二合)迦娑曩.

sa+ti를 하면 sti로 표기된다.

✿ 梵語千字文 556번 升 prastha 鉢羅(二合)娑他(二合).

sa+tha를 하면 stha로 표기된다.

✿ 梵語千字文 667번 虐 svitajvala 濕尾(二合)多入嚩(二合)攞.

sa+vi를 하면 svi로 표기된다.

✿ 梵語千字文 762번 潤 prasveda 鉢囉(二合)娑吠(二合)娜.

sa+ve를 하면 sve로 표기된다.

✿ 梵語千字文 854번 之 sya 寫.

sa+ya를 하면 sya로 표기된다.

✿ 梵語千字文 916번 筋 snayu 娑曩(二合)庾.

sa+na를 하면 sna로 표기된다.

✿ 梵語雜名 935번 鵝 hadsa 賀捺娑(二合).

da+ sa를 하면 dsa로 표기된다.

✿ 梵語雜名 1014번 苜蓿 scista 薩止(二合)薩多(二合).

sa+ ci를 하면 sci로 표기된다.

✿ 梵語雜名 1143번 驛 sphanaśala 娑頗(二合)曩舍攞.

sa+ pha를 하면 spha로 표기된다.

✿ 梵語雜名 1146번 袴 tsanthaya 怛參(二合)他耶.

ta+ sa를 하면 tsa로 표기된다.

✿梵語雜名 1209번 彼許 taskera 怛娑計(二合)羅.

sa+ ke를 하면 ske로 표기된다.

49. ha.

필순(筆順)

✿ 梵語千字文 319번 躍 hakṣa 郝乞灑(二合).

瑜伽金剛頂經釋字母品- ha 賀字門一切法因不可得故.

ha의 이체자(異體字) 입니다.

앞에서 언급한 ha의 변화형입니다.

hā, hi, hī, hu, hū,

he, hai, ho, hau, haṃ,

haḥ, hṛ, hṝ.

✿ 梵語千字文 47번 州 mahānagara 摩訶曩誐羅.

✿ 梵語千字文 113번 俗 grahi 疙哩(二合)呬.

✿ 梵唐消息 295번 劣 hīna 呬那.

✿ 梵語千字文 373번 股 vāhu 縛(引)虎.

✿ 梵語千字文 30번 下 heṣṭa 係瑟姹(重).

✿ 梵語千字文 227번 是 hoti 護(引)底(丁以反).

✿ 梵語千字文 123번 强 valavahuḥ 摩擺縛虎(重).

✿ 梵唐消息 99번 心 hṛdaya 呵哩娜也.

ha는 중첩자에서 상부(上部)는 , 하부(下部)는 로 표기된다.

✿ 梵語千字文 88번 標 cihna 止(即以反)賀曩(二合)(引).

ha+ na를 하면 hna로 표기된다.

✿ 梵語千字文 139번 箴 garhaṇa 孽賀(上)拏.

ra+ ha를 하면 rha로 표기된다.

✿ 梵語千字文 705번 裳 parhyaṇa 鉢賀也(二合)拏.

ra+ hya를 하면 rhya로 표기된다.

✿ 梵語千字文 752번 梵 vrahma 沒羅(二合)憾磨(二合).

ha+ ma를 하면 hma로 표기된다.

✿ 梵語千字文 24번 取 raigṛhṇa 攞伊(上)誐里(二合)訶娜(二合).

ha+ ṇa를 하면 hṇa로 표기된다.

✿ 梵語千字文 904번 舌 jihva 爾賀嚩(二合).

ha+ va를 하면 hva로 표기된다.

✿ 梵語雜名 428번 無慚 ahrī 阿紇里.

ha+ ra를 하면 hrī로 표기된다.

50. llaṃ.

필순(筆順)

51. kṣa.

필순(筆順)

✿ 梵語千字文 306번 帝 kṣatrīya 乞刹(二合)怛哩(二合)也.

瑜伽金剛頂經釋字母品- kṣa 乞灑二合字門一切法盡不可得故.

kṣa의 이체자(異體字) 입니다.

앞에서 언급한 kṣa의 변화형입니다.

kṣā, kṣi, kṣī, kṣu, kṣū,

kṣe, kṣai, kṣo, kṣau, kṣaṃ,

kṣaḥ, kṣṛ, kṣṝ.

✿ 梵語千字文 144번 儉 durbhikṣā 訥避乞灑(二合)(引).

✿ 梵唐消息 98번 肚 kukṣi 俱乞史.

✿ 梵唐消息 179번 蜜 mākṣīka 摩乞叉迦.

✿ 梵語千字文 287번 略 saṃkṣepa 僧乞差(二合)跛.

✿ 梵語千字文 76번 朋 pakṣaḥ 博乞灑(二合)(入).

kṣā는 중첩자에서 상부(上部)는 , 하부(下部)는 로 표기된다.

梵韓大辭典 630page kṣveḍa 毒液, 毒物.

여기까지 50자모(字母)를 공부하셨습니다. 실담자를 공부하다 보면 반음(半音)으로 끝나는 단어들이 많아서, 반음(半音)을 찾다보니 대정신수대장경(大正新修大藏經) 84卷 no. 2702 실담장권제사(悉曇章卷第四)

405페이지에서 찾아낼 수 가 있었습니다.

k	kh	g	gh	ṇ
c	ch	j	jh	ñ
ṭ	ṭh	ḍ	ḍh	ṇ
t	th	d	dh	n
p	ph	b	bh	m
y	r	l	v	ś
ṣ	s	h	kṣ.	

대정신수대장경(大正新修大藏經) 84卷 no.2710 siddhāṃ삼밀초하지상(三密鈔下之上) 779페이지에 반음(半音)이 나옵니다. 약간의 차이가 있으니 눈여겨 보시면 좋겠습니다.

k	kh	g	gh	ṇ
c	ch	j	jh	ñ
ṭ	ṭh	ḍ	ḍh	ṇ
t	th	d	dh	n
p	ph	b	bh	m
y	r	l	v	ś
ṣ	s	h	kṣ.	

실담자(悉曇字)를 공부하다 보면 문자(文字) 외에 나오는 기호들이 많아서 찾아보지만, 제대로 설명이 나오는 저서를 찾는게 쉬운 일이 아닙니다만 대정신수대장경(大正新修大藏經)에서 언급된 구절들을 찾았으니, 참고하시면 쉽게 알수가 있습니다.

① 대정신수대장경(大正新修大藏經)84권(卷) no.2702 실담장권제일(悉曇章卷第一) 373페이지.

凡梵文初皆有 字. 每有句末皆有 字每有文終亦有 字. 每有章

終或有字. 或有字或有字. 或有字若有重句. 或著點.

若有滅字亦著點. 類例甚多.

② 대정신수대장경(大正新修大藏經)84권(卷) no.2710 siddhāṃ삼밀초상지상(三密鈔上之上) 724페이지.

(藏一作) 文初安之 i 字省也.

句終 ma省.

(今作誤) 章終 da省.

上七皆一部終安之 aṃ省.

一部終 aḥ省.

生字點也 名達畫 k ṭ等例也 a(第一命故)省 或云 ja(生義故)省 或云 ṭha(長養令生故)省 或云 aḥ省 此中以爲 a爲 aḥ爲正義.

滅字之點故名滅點 ṇa字省也.

(大師真跡如此) 上三重字用之 cha省.

③ 대정신수대장경(大正新修大藏經)84권(卷) no.2709 실담륜략도초권제오(悉曇輪略圖抄卷第五) 680페이지.

一. 省字所用事.

ī	柔舌		文初.
ma	吾我		句切.
da	施與		迴向.
cha	影像		重點.
ṇa	諍論		字止.
ṭha	長養		字生.

aṃ aḥ 界畔 部終.

右省正字有用處. 所謂藏一云. 梵文初皆有字. 每有句末皆有字. 每有終亦有字. 每有章終或有字. 或有字或有字. 或有字若重句或著點. 若有滅字亦著點. 類例甚多(文)問. 圖中事或人稱涅槃點別體用第十二字摩多. 然何今云ṭha字省乎. 答. 若涅槃別點者何入十半或說中可加所闕字乎. 凡云字形云字義(長養)旁ṭha字省加應者也.

❁ 제 2장 다양한 실담자체(悉曇字體)와 관련 문자(文字)들.

실담자(悉曇字)의 기원에 대해서 안연대사의 실담장(悉曇藏)에서는 4가지로 나온다. 내용을 밀교대사전(密教大辭典) 1504페이지와 불광대사전(佛光大辭典) 4574페이지를 참고해서 정리 했습니다.

① 梵王相承 又作南天相承. 即印度所用悉曇文字爲梵天(brahma)所造之說. 梵王所造之梵書有根本四十七言 十二摩多 三十五體文若合字轉則成無盡多字 且立十八章以爲標準. 唐代智廣之悉曇字記所說南天相承摩醯首羅(maheśvara)之文 即指此梵王所造之悉曇.

② 龍宮相承 又作中天相承. 佛陀入滅後七百年中 龍樹菩薩入海得大乘經所傳之悉曇; 據悉曇字記所載 中天兼以龍宮文 與南天小異而綱骨同.

③ 釋迦相承 爲釋尊宣說經典中所示之悉曇. 即文殊問經之五十字母 華嚴經之四十二字門 方廣大莊嚴經示書品之四十六字母 大集經海慧菩薩品之二十八字門句 大品般若經之四十二字門 大般涅槃經如來性品之十四音五十字義等. 乃佛陀入滅後 由文殊 彌勒 阿難等結集而傳於世.

④ 大日相承 乃大日如來所說之悉曇. 指金剛頂經釋字母品之五十字 大日經具緣品 同字輪品之五十字等. 由金剛薩埵結集 龍猛菩薩入南天鐵塔得之而傳誦流通.

실담자체(悉曇字體)는 종류가 많습니다. 대정신수대장경(大正新修大藏經) 84卷 no.2704 실담략기(悉曇略記) 470페이지에는 그 종류를 볼수가 있습니다.

母字梵書漢字形對 漢本不同有二十七. 本經說有七. 大日經 金剛頂經 文殊問經 涅槃經 大莊嚴經各說根本母字. 華嚴經 大般若經說四十二字. 疏

中有四. 涅槃經灌頂 法寶 吉藏 梁武帝等四疏. 各注此字. 記中有六. 華嚴經續刊定記 惠均玄義記 義淨寄歸傳 智廣字記 全雅手書 大悉曇章也. 音義中有二 涅槃經玄應 信行音義也. 口傳有五 寶月 難陀 宗叡 慈覺 弘法大師也.

대정신수대장경(大正新修大藏經)84권(卷) no.2702 실담장권제오(悉曇章卷第五)에서 중요한 6개의 실담자체(悉曇字體)를 찾아서 수록하였으니, 실담범자(悉曇梵字) 공부에 도움이 되었으면 좋겠습니다.

① 大日經字輪品云

阿a 阿引ā 暗aṃ 惡aḥ 義釋加[glyph]āḥ噁長聲字

迦ka 佉kha 哦ga 伽gha 遮ca

車cha 惹ja 社jha 吒ṭa 吒ṭha

拏ḍa 荼ḍha 多ta 他tha 娜da

馱dha 波pa 頗pha 麼ba 婆bha

野ya 囉ra 邏la 嚩va 奢śa

沙ṣa 娑sa 訶ha 吃灑kṣa 二合皆上聲短呼義釋除乞叉字

伊i 縊ī 塢u 烏ū 哩ṛ

哩ṝ 里ḷ 理ḹ 翳e 藹ai

汚o 奧au 仰ṅa 穰ña 嚀ṇa

曩na 莽ma 抄 合五十字也.

② 金剛頂經字母品云

阿上a 阿引去ā 伊上i 伊引去ī 塢u

汚引ū 哩ṛ 哩引去ṝ 呂ḷ 嚧ḹ

曀e 愛ai 汚o 奧au 暗aṃ

惡aḥ　迦上ka　佉上kha　誐上ga　伽去引gha
仰鼻聲呼ṅa　左ca　嗟上cha　惹ja　酇上jha
孃上ña　吒上ṭa　咤上ṭha　拏上ḍa　荼去ḍha
拏ṇa陀爽反仍鼻音呼　多上ta　他上tha　娜da
馱dha　曩na　跛pa　頗pha　麽ba
婆重bha　莽ma　野ya　囉ra　邏la
嚩va　捨śa　灑ṣa　娑上sa　賀ha
乞灑kṣa二合抄 合五十字也.

③ 文殊問經字母品云

阿上a　阿引去ā　伊上i　伊引去ī　塢上u
汚引去ū　唱ṛ　唱引去ṝ　力ḷ　嚧ḹ
曀e　愛ai　汚o　奧au　暗aṃ
惡引aḥ　迦上ka　佉kha　誐去ga　伽gha
仰ṅa　左ca　嗟cha　惹ja　酇才舸反jha
孃ña　吒上ṭa　姹上ṭha　拏上ḍa　荼去ḍha
拏ṇa鼻聲呼　多上ta　他上tha　娜da　馱dha
曩na　跛pa　頗pha　麽ba　婆去bha
莽ma鼻聲呼　野ya　囉ra梨假反　砢la　嚩va無可反
捨śa　灑ṣa　娑上sa　賀ha　乞灑kṣa二合抄 合五十字也.

④ 大涅槃經文字品云

噁a	阿ā	億i	伊ī	郁u
優ū	哩e	野ai	烏o	炮au
菴aṃ	痾aḥ	迦ka	佉kha	伽ga
咺gha	俄ṅa	遮ca	車cha	闍ja
膳jha	若ña	吒ṭa	咃ṭha	茶ḍa
袒ḍha	拏ṇa	多ta	他tha	陀da
彈dha	那na	波pa	頗pha	婆ba
滼bha	摩ma	蛇ya	囉ra	邏la
啝va	奢śa	沙ṣa	娑上sa	訶ha
荼kṣa	魯ṛ	流ṝ	盧ḷ	樓ḹ

合五十字也.

⑤ 大莊嚴經示書品云

阿a	長阿ā	伊上i	伊引去ī	烏上聲u
烏ū	翳e	愛ai	烏o	燠au
唵aṃ	阿aḥ	迦上聲ka	佉kha	伽上ga
伽gha	哦ṅa	者ca	車上cha	社ja
闍jha	壤ña	吒上聲ṭa	吒ṭha	茶ḍa
拏上聲ḍha	文缺ṇa	多上聲ta	他上聲tha	陀上聲da
陀dha	那na	波上聲pa	頗pha	波上聲ba
婆bha	摩上聲ma	也ya	羅ra	邏上聲la
婆上聲va	捨śa	沙上聲ṣa	娑上sa	呵ha

差kṣa 抄 合四十六字也.

⑥ 空海悉曇釋義云

阿上聲呼a	阿去聲長呼ā	伊上聲i	伊去聲長引ī
塢上聲u	汚長聲ū	哩彈舌呼ṛ	哩彈舌去聲引呼ṝ
唱彈舌上呼ḷ	盧彈舌長呼ḹ	曀e	愛ai
汚長聲o	奧去長引au	闇也aṃ	惡也aḥ
迦上聲呼ka	佉上呼kha	誐上呼ga	伽去引gha
仰鼻聲呼ṅa	遮上聲ca	磋上cha	惹也ja
酇去聲jha	孃上聲ña	吒上呼ṭa	姹上ṭha
拏上ḍa	荼去ḍha	拏陀爽反仍鼻聲呼ṇa	
多上ta	他上tha	娜也da	馱也dha
婆重上呼bha	莽也心義又名大空ma		野ya
囉也ra	邏也上la	嚩也va	捨也śa
灑也ṣa	娑上也sa	賀也ha	乞灑kṣa文

合五十字也.

실담문자(悉曇文字) 기원에 대해서 실담(悉曇) 관련 서적에서는 앞에서 언급한 것처럼 실담사종상승(悉曇四種相承)이 나오지만, 언어연구자료에서 보면 실담(悉曇)이전의 문자는 brāhmī문자와 gupta문자에 중요성을 강조하고 있습니다. 실담문자(悉曇文字) 이후에 여러 문자들을 모아 놓았으니, 보시다 보면 여러분의 실력도 쌓일 것이라고 생각이 듭니다.

① brāhmī 문자.

범한대사전(梵漢大辭典) 296페이지에 brāhmī를 보면 "brahman 神的女性化勢力; 語言女神, brahmān 神妃 sarasvatī 之稱號; 語言; 宗教上的習慣; 遵照 brahmā 結婚儀式(所娶)的妻子; 各種植物之名, 河名, 印度文字的一個系統"으로 적혀있습니다. brāma에 관련된 중요한 단어들을 범한대사전(梵漢大辭典)에서 찾아 실담문자(悉曇文字)로 표기했으니, 참조 하시기 바랍니다.

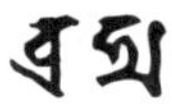 brahma 梵, 梵天, 291페이지.

 brāhma 梵, 291페이지.

 brahma-cakra 梵輪, 291페이지.

 brahma-carya 梵行, 淨行, 291페이지.

 brāhmaṇa 婆羅門, 梵天, 梵書, 293페이지.

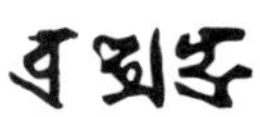 brahmendra 梵王, 296페이지.

② gupta 문자.

범한대사전(梵漢大辭典) 477페이지에 gupta를 보면 "被防衛的, 被保護的, 被隱藏的, 秘密的, 守, 護, 守護, 善護, 密, 密護, 藏, 善攝, 秘密地, 私下地, 秘密地點, 隱匿, 於隱匿處, 諸王之名, 以西元 319年開始的紀元名稱, 常在 vaiśya的人名上做爲一使用, 秘密, 笈多, 毱多, 毱提, 掘多"로 적혀있습니다.

③ देवनागरी deva-nāgarī (天城體).

अ a, आ ā, इ i, ई ī, उ u, ऊ ū,

ए e, ऐ ai, ओ o, औ au,

ऋ ṛ, लृ ṝ, ऍ ḷ, ऐ ḹ,

क ka, ख kha, ग ga, घ gha, ङ ṅa, ः ḥ, ह ha,

च ca, छ cha, ज ja, झ jha, ञ ña, य ya, श śa,

ट ṭa, ठ ṭha, ड ḍa, ढ ḍha, ण ṇa, र ra, ष ṣa,

त ta, थ tha, द da, ध dha, न na, ल la, स sa,

प pa, फ pha, ब ba, भ bha, म ma, व va.

범한대사전(梵漢大辭典) 360페이지에 deva-nāgarī를 보면 "聖城文字(天城體), 現今所用的梵語(sanskrit) 文字之名"이라고 적혀있습니다.

④ 藏文 티베트 문자

ཀ ka, ཁ kha, ག ga, ང nga,

ཅ ca, ཆ cha, ཇ ja, ཉ nya,

ཏ ta, ཐ tha, ད da, ན na,

པ pa, ཕ pha, བ ba, མ ma,

ཙ tsa, ཚ tsha, ཛ dza, ཝ wa,

ཞ zha, ཟ za, འ ʹa, ཡ ya,

ར ra, ལ la, ཤ sha, ས sa,

ཧ ha, ཨ a.

⑤ 란찰문(蘭札文) rañjanā.

a, ā, i, ī, u,

ū, e, ai, o, au,

ṛ, ṝ, ḷ, ḹ, aṃ, aḥ,

k, kh, g, gh, ṅ,

c, ch, j, jh, ñ,

ṭ, ṭh, ḍ, ḍh, ṇ,

t, th, d, dh, n,

p, ph, b, bh, m,

y, r, l, v,

ś, ṣ, s, h,

kṣ, tr, jñ.

동문운통(同文韻統) 제일권(第一卷) 천축자모보(天竺字母譜)에서 천축자모(天竺字母)는 실담문자(悉曇文字)가 아니라, 란찰문(蘭札文)이 천축자모(天竺字母)로 표기되고, 란찰문(蘭札文)을 기준으로 티베트어, 만주어, 몽고어, 한자로 표기하고 있습니다. 청대(清代)에 만들어진 오체청문감(五體淸文鑑)가 함께 더불어 연구해야할 중요한 자료입니다. 독자들의 많은 관심을 바라는 마음 간절합니다.

⑥ 색영포자모(索永布字母) (soyombo script).

元音

a, i, u, ṛ, ḷ,

e, ai, o, au,

ā, ī, ū, ṝ, ḹ,

aṃ, aḥ,

補音

ka, kha, ga, gha, ṅa,

ca, cha, ja, jha, ña,

ṭa, ṭha, ḍa, ḍha, ṇa,

ta, tha, da, dha, na,

pa, pha, ba, bha, ma,

tsa, tsha, dza, zha, za,

´a, ya, ra, va, la,

śa, ṣa, sa, ha, kṣa.

soyombo 문자는 접해본 분들이 많지 않을 것 같습니다만, 몽고의 상징표시로 사용되는 이 표시를 보시면 더 이해가 빠를 것 같습니다. 몽고에서 티베트어와 범어를 쓸 때, 사용하는 문자로 1686년에 zanabazar가 만든 문자입니다.

⑦ 파스파문자 (phags-pa).

ka, kha, ga, nga, ca,

cha, ja, nya, ta, tha,

da, na, pa, pha, ba,

ma, tsa, tsha, dza, wa,

zha, za, -a, ya, ra,

la, sha, sa, ha, ´a,

i, u, e, o, qa,

xa, fa, gga, ee, w, y.

⑧ 천축자원(天竺字源).

十六聲者.

𑖀 遏 a, 𑖁 阿引 ā, 𑖂 壹 I, 𑖃 翳引 ī, 𑖄 嗢 u,

𑖅 汙引 ū, 𑖆 哩 ṛ, 𑖇 梨 ṝ, 𑖈 魯 ḷ, 𑖉 盧 ḹ,

𑖊 伊 e, 𑖋 愛引 ai, 𑖌 鄔 o, 𑖍 奧引 au, 𑖀𑖽 暗 aṃ,

𑖀𑖾 惡 aḥ,

三十四字母.

牙音.

𑖎 葛 ka, 𑖏 渴 kha, 𑖐 [口+卉]五割切 ga,

𑖑 竭 gha, 𑖒 誐迎可切 ṅa,

齒音

𑖓 [扌+娑]左末切 ca, 𑖔 擦七曷切 cha, 𑖕 惹仁左切 ja,

𑖖 嵳昨何切 jha, 𑖗 倪倪也切 ña,

舌音

𑖘 哳陟轄切 ṭa, 𑖙 詫丑轄切 ṭha, 𑖚 痆尼轄切 ḍa,

𑖛 茶 ḍha, 𑖜 拏 ṇa,

喉音

𑖝 怛 ta, 𑖞 撻他達切 tha, 𑖟 捺 da,

𑖠 達 dha, 𑖡 那 na,

脣音

𑖢 鉢 pa, 𑖣 發 pha, 𑖤 末 ba,

𑖥 婆 bha, 𑖦 摩 ma,

融轉舌喉二音.

𑖧 耶 ya, 𑖨 囉歷加切 ra, 𑖩 羅 la,

嚩 va,　　設 śa,　　沙 ṣa,
薩 sa,　　訶 ha,　　刹 kṣa.

북송(北宋)의 유정대사(惟淨大師)께서 쓰신 천축자원(天竺字源) 7권에서 자모(字母)들을 보고, 공브하고 싶었는데, 차일피일 미루다가 자모(字母)들을 정리하면서 그 가치들을 다시 알게 되었습니다. 여기서는 자모(字母)만 소개했지만, 7권 전체를 다 연구하면, 많은 성과가 있을 것 같습니다. 중화대장경(中華大藏經) 72책(冊)에 천축자원(天竺字源)이 있지만, 대부분 출판물들이 글자가 너무 작아 알아보기가 어려워 학문이 어려우니 원본 수준으로 영인본 출판물을 기대해 봅니다. 천축자원(天竺字源)과 우리나라의 진언집(眞言集)을 비교 연구하면 좋은 결과를 얻을 수 있을 것 같습니다.

⑨ 다라니자전(陀羅尼字典) 문수문경자모품(文殊問經字母品)

遏 a,　　阿引 ā,　　壹 i,　　翳引 ī,
嗢 u,　　汙引 ū,　　哩 ṛ,　　㴝 ṝ,
魯 ḷ,　　盧 ḹ,　　伊 e,　　愛引 ai,
鄔 o,　　奥引 au,　　暗 aṃ,　　惡 aḥ,
葛 ka,　　渴 kha,　　哳五割切 ga,
竭 gha,　　誐迎可切 ṅa,
援左未切 ca,　　擦七曷切 cha,　　惹仁左切 ja,
嵯昨何切 jha,　　倪倪也切 ña,
哳陟車切 ṭa,　　詫丑轄切 ṭha,　　痆尼轄切 ḍa,
茶 ḍha,　　拏 ṇa,
怛 ta,　　撻他達切 tha,　　捺 da,
達 dha,　　那 na,

鉢 pa, 發 pha, 末 ba,

婆 bha, 摩 ma,

耶 ya, 囉歷假切 ra, 羅 la,

嚩 va, 沒 śa, 沙 ṣa,

薩 sa, 訶 ha, 剎 kṣa.

원산달음(圓山達音)선생님의 저작이신 다라니자전(陀羅尼字典)에 나오는 문수문경자모품(文殊問經字母品)의 자체(字體)를 보고, 경이로운 마음이어서 이 글씨는 어디서 참고하여 썼을까 하는 의문이 항상 가득하다가 이번에 천축자원(天竺字源) 자모(字母)들을 정리하면서 그 공통점을 찾을 수가 있었습니다. 실담자(悉曇字)는 완벽하게 같지 않지만, 실담자(悉曇字) 발음을 한자로 표기한게 유사함을 알게 되었고, 다라니자전(陀羅尼字典) 문수문경자모품(文殊問經字母品) 실담자(悉曇字)발음의 한자표기가 약간씩 다름을 알게 되었습니다. 그리고 눈여겨 보지 않았던 진언집(眞言集)에서 유가금강정경자모(瑜伽金剛頂經字母)를 알게 되었습니다. 원산달음(圓山達音)선생님의 다라니자전(陀羅尼字典)에 나오는 문수문경자모품(文殊問經字母品)은 진언집(眞言集)을 참고하지 않았을까 하는 생각이 듭니다. 자모(字母) 순으로 많은 어휘들을 실담문자로 정리해주신 원산달음(圓山達音) 선생님의 다라니자전(陀羅尼字典)의 일독과 어휘들을 몇 번씩 알파벳 발음과 함께 써보실 것을 권합니다.

⑩ 眞言集 上.

梵本五十字母悉曇章.

阿本不生卽般若, 啊行萬行卽三昧, 前之六字前短後長.

a 阿上 :하, ·ᄒᆞ, ·허, :흐.

ā 啊去 ·하, ·ᄒᆞ, ·허, ·흐.

i 伊上 ·해, :히, :혜, :이.

ī 咿去 ·해, ·히, ·혜, ·히.

u 烏上 :화, :호, :훠, :후.

ū 嗚去 ·화, ·호, ·훠, ·후.

e 曳去 ·애, ·에, ·예, ·이 .

ai 愛入 해, 히, 혜, 희.

o 汙去 ·와, ·오, ·워, ·우.

au 吁入 ·와, ·오, ·워, ·우.

aṃ 暗去 ·암, ·음, ·엄, ·음.

aḥ 惡入 ·악, ·윽, ·억, ·윽 .

後之六字前長後短, 暗證大空卽菩提, 惡字淨除卽涅槃.

助音.

ṛ 里上 :래, :릐, :례, :리.

ṝ 哩去 ·래, ·릐, ·례, ·리.

ḷ 梨上 :래, :릐, :례, :리 .

ḹ 嚟去 ·래, ·릐, ·례, ·리 .

牙音.

ka 迦平清 가, ᄀᆞ, 거, 그.

kha 佉平濁 카, ᄏᆞ, 커, 크, .

ga 誐上 :아, :ᄋᆞ, :어, :으.

gha 伽去 ·까, ·ᄁᆞ, ·꺼, ·끄.

ṅa 仰入 ·앙, ·ᅌᆞ, ·엉, ·응.

齒音.

ca 左平清 자, ᄌᆞ, 저, 즈, .

cha 磋平濁 차, ᄎᆞ, 처, 츠, .

ja 惹上 :ᅀᅡ, ᅀᆞ, :ᅀᅥ, :ᅀᅳ.

jha 社去 짜, 짜, 쩌, 쯔.

ña 攘入 ᅀᅡᆼ, ᅀᆞᆼ, ᅀᅵᆼ, ᅀᅳᆼ.

舌音.

ṭa 吒平清 다, ᄃᆞ, 더, 드.

ṭha 侘平濁 타, ᄐᆞ, 터, 트, .

ḍa 拏上 :나, :ᄂᆞ, :너, :느, .

ḍha 茶去 따, ᄄᆞ, 떠, 뜨.

ṇa 曩入 낭, ᄂᆞᆼ, 넝, 능.

八轉三昧卽萬行, 五入菩提卽大空.

喉音.

ta 多平清 다, ᄃᆞ, 더, 드, .

tha 佗平濁 타, ᄐᆞ, 터, 트.

da 那上 :나, :ᄂᆞ, :너, :느.

dha 馱去 ·따, ·ᄄᆞ, ·떠, ·뜨.

na 娜入 ·낭, ·ᄂᆞᆼ, ·넝, ·능.

脣音.

pa 波平清 바, ᄇᆞ, 버, 브.

pha 頗平濁 파, ᄑᆞ, 퍼, 프.

ba 麼上 :마, :ᄆᆞ, :머, :므.

bha 婆去 ·빠, ·ᄈᆞ, ·뻐, ·쁘.

ma 莽入 망, ᄆᆞᆼ, 멍, 믕.

超音亦云和會聲.

ya 野上 :야, :여, :요, :유.

ra 囉去 ·라, ·ᄅᆞ, ·러, ·르.

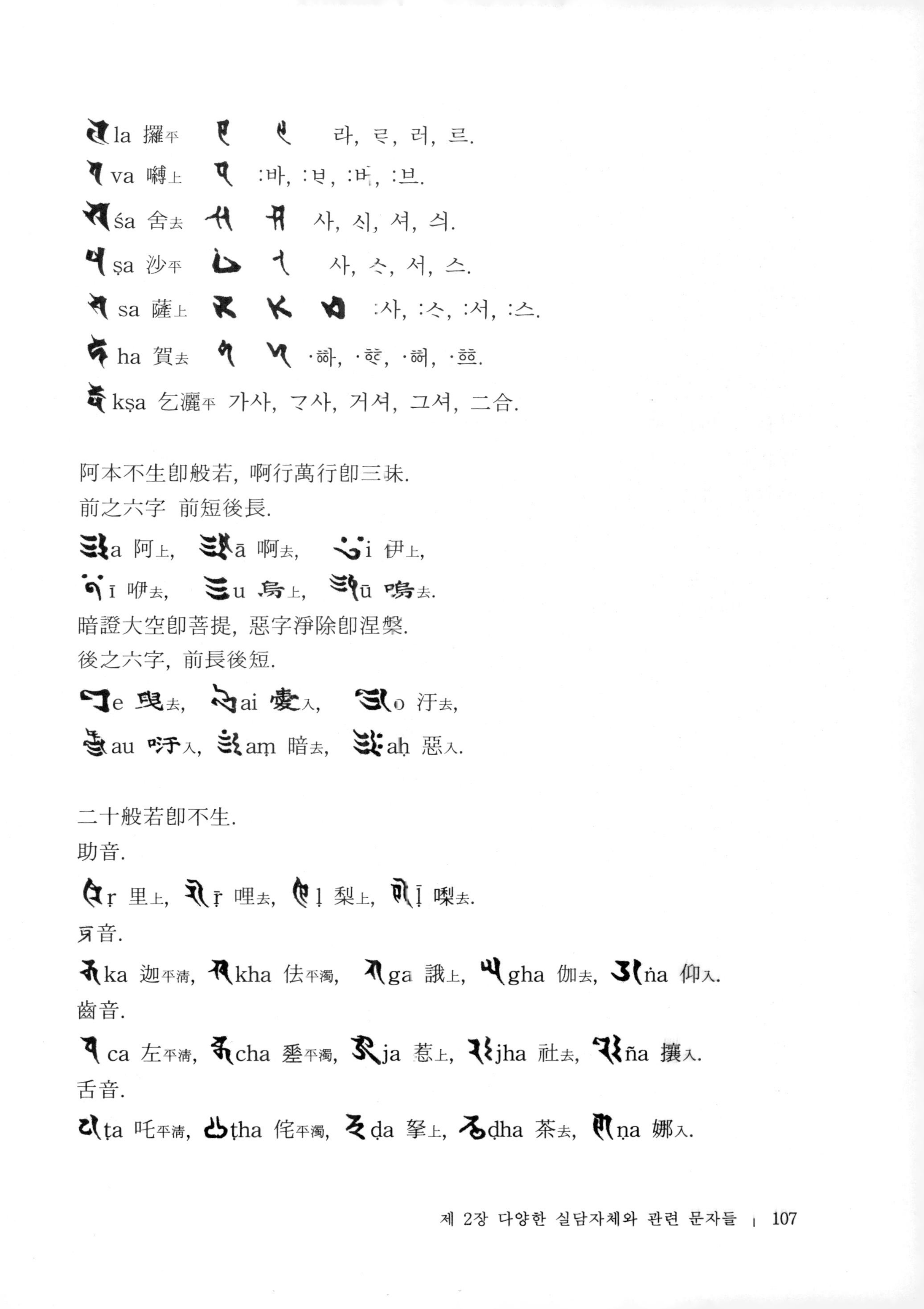

la 攞平 라, ᄅᆞ, 러, 르.

va 嚩上 :바, :ᄇᆞ, :버, :브.

śa 舍去 사, ᄉᆡ, 셔, 싀.

ṣa 沙平 사, ᄉᆞ, 서, 스.

sa 薩上 :사, :ᄉᆞ, :서, :스.

ha 賀去 ·ᅘᅡ, ·ᅘᆞ, ·ᅘᅥ, ·ᅘᅳ.

kṣa 乞灑平 가사, ᄀᆞ사, 거셔, 그셔, 二合.

阿本不生卽般若, 啊行萬行卽三昧.

前之六字 前短後長.

a 阿上, ā 啊去, i 伊上,

ī 咿去, u 烏上, ū 嗚去.

暗證大空卽菩提, 惡字淨除卽涅槃.

後之六字, 前長後短.

e 曳去, ai 愛入, o 汙去,

au 吁入, aṃ 暗去, aḥ 惡入.

二十般若卽不生.

助音.

ṛ 里上, ṝ 哩去, ḷ 梨上, ḹ 唎去.

牙音.

ka 迦平淸, kha 佉平濁, ga 誐上, gha 伽去, ṅa 仰入.

齒音.

ca 左平淸, cha 搓平濁, ja 惹上, jha 社去, ña 攘入.

舌音.

ṭa 吒平淸, ṭha 侘平濁, ḍa 拏上, ḍha 茶去, ṇa 娜入.

八轉三昧卽萬行.

五入菩提卽大空.

喉音.

ta 多平淸, tha 佗平濁, da 那上, dha 馱去, na 娜入.

脣音.

pa 波平淸, pha 頗平濁, ba 摩上, bha 婆去, ma 莽入.

超音亦云和會聲.

ya 野上, ra 囉去, la 攞平, va 嚩上, śa 舍去,

ṣa 沙平, sa 薩上, ha 賀去, kṣa 乞洒平二合.

八超涅槃卽淨除.

⑪ 眞言集 下.

❊ 華嚴四十二字母

a	ra	pa	ca	na	la	dha
阿	羅	波	左	那	攞	馱
:아	·라	바	자	·나	라	·다

bha	ḍha	ṣa	ha	ta	ya	tha
婆	茶	沙	和	哆	野	佗
·바	·다	사	:화	다	:야	타

ka	sa	ba	gha	ṭha	ja	pa	= ṅa (?)
迦	薩	摩	伽	侘	惹	簸	
가	:사	:마	·가	타	:ᅀᅡ	바 ᄼ	

dha	śa	kha	ṣa	ta	ja	de
馱	舍	佉	沙	多	闍	挓
·다	·샤	카	사	다	:ᅀᅡ	타

bha	cha	ma	ha	sa	gha	de
婆	車	摩	火	縒	伽	挓
·바	차	:마	:화	:사	·가	타

ṇa	pha	ka	ṣa	ca	ṭa	ḍha
拏	頗	歌	沙	遮	吒	茶
·나	파	가	사	자	다	·다

❄ 華嚴十二字母

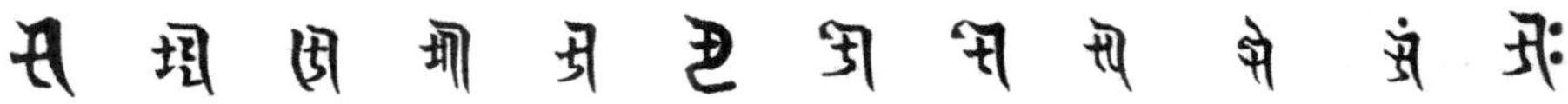

娑	娑	枲	嘶	蘇	蘇	洗	鰓	蘇	騷	毿	索
:사	·사	:시	:시	·소	·소	·셰	·셰	·소	·소	·삼	·삭

❄ 瑜伽金剛頂經字母.

a	ā	i	ī	u	ū	ṛ	ṝ
遏	阿	壹	翳	嗢	汚	哩	黎
:아	·아	:이	·이	:오	·오	:리	:리

𑖈	𑖉	𑖊	𑖋	𑖌	𑖍	𑖀𑖽	𑖀𑖾
ḷ	ḹ	e	ai	o	au	aṃ	aḥ
魯	盧	伊	愛	鄔	奧	暗	惡
·로	·로	·예	·이	·오	·오	·암	·악

𑖎	𑖏	𑖐	𑖑	𑖒	𑖓	𑖔	𑖕
ka	kha	ga	gha	ṅa	ca	cha	ja
葛	渴	哘	竭	誐	拶	攃	惹
가	카	:아	·가	·아	자	차	:ᅀᅡ

𑖖	𑖗	𑖘	𑖙	𑖚	𑖛	𑖜	𑖝
jha	ña	ṭa	ṭha	ḍa	ḍha	ṇa	ta
嵯	倪	哳	詫	痆	茶	拏	怛
·자	·ᅀᅡ	다	타	·나	·다	·나	다

𑖞	𑖟	𑖠	𑖡	𑖢	𑖣	𑖤	𑖥
tha	da	dha	na	pa	pha	ba	bha
撻	捺	達	那	鉢	發	末	婆
타	:나	·다	·나	바	파	:마	·바

𑖦	𑖧	𑖨	𑖩	𑖪	𑖫	𑖬	𑖭
ma	ya	ra	la	va	śa	ṣa	sa
摩	耶	囉	羅	嚩	設	沙	娑
·마	:야	·라	라	:바	·샤	사	:사

𑖮	𑖎𑖿𑖬
ha	kṣa
訶	刹
·하	ㄱ사

처음 진언집(眞言集)을 보고 공부를 하려 했다가 접었던 기억이 떠오릅니다. 다시 자모(字母)를 정리하면서 진언집(眞言集)을 다시 보니 좀 더 눈에 잘 들어옵니다. 진언집(眞言集)의 진언(眞言)과 대정신수대장경(大正新修大藏經)에 진언(眞言)들을 비교 연구하면, 이해가 훨씬 쉽지 않을까 생각해 봅니다. 청나라 때 만든 한만몽장사체합벽대장전주(漢滿蒙藏四體合璧大藏全咒)와 대만의 임광명(林光明)선생님께서 저술하신 신편대장전주(新編大藏仝咒) 18책을 진언(眞言)에 관심있는 독자들께서 참고 연구하시면 학문이 진일보 하리라고 생각이 듭니다.

❁ 제 3장 種子集.

阿彌陀三尊
釋迦三尊 藥師三尊
不動 愛染 毘沙門三尊

✪ 金剛界卅七尊.

❀ vajra-dhātu 金剛界-密敎大辭典 1050페이지.

vaṃ 大日如來.

❀ mahāvairocana 大日如來-密敎大辭典 218페이지.

huṃ 阿閦如来 金剛波羅蜜.

❀ akṣobhya 阿閦佛-密敎大辭典 1185페이지, vajra pāramitā 金剛波羅蜜多菩薩-密敎大辭典 1044페이지.

trāḥ 寶生如来 寶波羅蜜.

❀ ratna-saṃbhava 寶生佛-密敎大辭典 2148페이지, ratna-pāramitā 寶波羅蜜菩薩-密敎大辭典 2155페이지.

hrīḥ 阿彌陀如来 法波羅蜜.

❀ amitā 阿彌陀佛-密敎大辭典 1194페이지, dharma-pāramitā 法波羅蜜菩薩-密敎大辭典 973페이지.

aḥ 釋迦如来 業波羅蜜 金剛薩埵.

❀ śākya-muni 釋迦如來-密敎大辭典 2200페이지,

karma-pāramitā羯磨波羅蜜菩薩業-密教大辭典 1963페이지,

vajra-sattva 金剛薩埵-密教大辭典 1136페이지.

jaḥ 金剛王菩薩.

❀ vajra-rāja 金剛王菩薩-密教大辭典 1024페이지.

hoḥ 金剛愛菩薩.

❀ vajra-rāga 金剛愛菩薩-密教大辭典 1105페이지.

saḥ 金剛喜菩薩.

❀ vajra-sādhu 金剛喜菩薩-密教大辭典 1093페이지.

oṃ 金剛寶菩薩.

❀ vajra-ratna 金剛寶菩薩-密教大辭典 1148페이지.

aṃ 金剛光菩薩.

❀ vajra-teja 金剛光菩薩-密教大辭典 1027페이지.

traṃ 金剛幢菩薩.

❀ vajra ketu 金剛幢菩薩-密教大辭典 1123페이지.

haḥ 金剛笑菩薩.

❀ vajra-hāsa 金剛笑菩薩-密教大辭典 1064페이지.

hriḥ 金剛法菩薩.

❀ vajra dharma 金剛法菩薩-密教大辭典 1042페이지.

dhaṃ 金剛利菩薩.

❀ vajra tīkṣṇa 金剛利菩薩-密教大辭典 1033페이지.

raṃ 金剛因菩薩.

❀ vajra-hetu 金剛因菩薩-密教大辭典 1030페이지.

maṃ 金剛語菩薩.

❀ vajra-bhāṣa 金剛語菩薩-密教大辭典 1119페이지.

kaṃ 金剛業菩薩.

❀ vajra-karma 金剛業菩薩-密教大辭典 1107페이지.

haṃ 金剛護菩薩.

❀ vajra-rakṣa 金剛護菩薩-密教大辭典 1150페이지.

hūṃ 金剛牙菩薩.

❀ vajra-yakṣa 金剛牙菩薩-密教大辭典 1020페이지.

baṃ 金剛拳菩薩.

❀ vajra-saṃdhi 金剛拳菩薩-密教大辭典 1060페이지.

hoḥ 金剛嬉菩薩.

❀ vajra-lāsī 金剛嬉戲菩薩-密教大辭典 1122페이지.

traṭ 金剛鬘菩薩.

❀ vajra-mālā 金剛鬘菩薩-密教大辭典 1153페이지.

gīḥ 金剛歌菩薩.

❀ vajra-gītā 金剛歌菩薩-密教大辭典 1115페이지.

kṛṭ 金剛舞菩薩.

❀ vajra-nṛtā 金剛舞菩薩-密教大辭典 1118페이지.

jaḥ 金剛鉤菩薩.

❀ vajrāṅkuṣa 金剛鉤菩薩-密教大辭典 1109페이지.

hūṃ 金剛索菩薩.

❀ vajra-pāśa 金剛索菩薩-密教大辭典 1066페이지.

baṃ 金剛鏁菩薩.

❀ vajra-sphoṭa 金剛鏁菩薩-密教大辭典 1146페이지.

hoḥ 金剛鈴菩薩.

❀ vajrāveśa 金剛鈴菩薩-密教大辭典 1111페이지.

aḥ 金剛香菩薩.

❀ vajra-dhūpā 金剛香菩薩-密教大辭典 1055페이지.

oṃ 金剛華菩薩.

❀ vajra-puṣpā 金剛華菩薩-密教大辭典 1101페이지.

dīḥ 金剛燈菩薩.

❀ vajrālokā 金剛燈菩薩-密教大辭典 1132페이지.

gaḥ 金剛塗香菩薩.

❀ vajra-gandhā 金剛塗香菩薩-密教大辭典 1103페이지.

◎ 胎藏界八葉.

❀ garbha-dhātu 胎藏界-密教大辭典 1293페이지.

āḥ 大日如来.

❀ mahāvairocana 大日如來-密教大辭典 218페이지.

a 寶幢如来, 文殊菩薩.

❀ ratna-ketu 寶幢佛-密教大辭典 2166페이지, mañjuśrī 文殊菩薩-密教大辭典 486페이지.

aḥ 無量壽如來.

❀ 無量壽如來-阿彌陀佛之異名-密教大辭典 1680페이지.

❀ amitā 阿彌陀佛-密教大辭典 1194페이지.

bu 觀自在菩薩.

❀ avalokita 觀自在菩薩-密教大辭典 2260페이지.

aḥ 開敷華王如來.

❀ saṃkusmitarāja 開敷華王佛-密教大辭典 1747페이지.

aṃ 天鼓雷音 普賢菩薩.

❀ divyadundubhi meghanirghoṣa 天鼓雷音佛-密教大辭典 460페이지, samanta-bhadra 普賢菩薩-密教大辭典 1639페이지.

yu 彌勒菩薩.

❀ maitreya 彌勒菩薩-密教大辭典 2068페이지.

da 施與.

❀ dadāti 施與-梵漢大辭典 339페이지.

a, vi, ra, hūṃ,

khaṃ, va, jra,

dha, tu, vaṃ.

✪ 善名稱吉祥王如來.

❀ maṅgala [佛名] 吉祥-梵漢大辭典 703페이지.

bhai 藥師如来.

❀ bhaiṣajyā-guru-vaidūrya-prābhārāja 藥師如来-密敎大辭典 2127페이지.

a 多寶如来.

❀ prabhūta-ratna 佛 多寶, 衆寶-梵漢大辭典 339페이지.

❀ maṅgala 佛吉祥-梵漢大辭典 703페이지.

bhrūṃ 佛眼佛母.

❀ buddha-locanā 佛眼佛母-密敎大辭典 826페이지.

śrī 佛眼佛母.

❀ buddha-locanā 佛眼佛母-密敎大辭典 826페이지.

taṃ 多羅尊.

❀ tārā 多羅菩薩-密敎大辭典 719페이지.

a 定光佛.

❀ dipaṅkara 定光佛-密敎大辭典 931페이지.

āḥ 大佛頂.

❀ buddhoṣṇīṣa 佛頂-密敎大辭典 834페이지.

hrūṃ 尊勝佛頂.

❀ uṣṇīṣavijaya-dhāraṇī 佛頂尊勝陀羅尼經-密敎大辭典 840페이지.

bhruṃ 金輪佛頂, 一字頂輪王, 熾盛光佛.

❀ 金輪:一字金輪之略稱-密敎大辭典 1155페이지.

❀ 一字頂輪王:一字金輪之異名-密敎大辭典 25페이지.

- ❀ ekākṣara buddhoṣṇīṣa cakra
  一字金輪:可全譯爲一字佛頂輪王, 或譯爲一字頂輪王, 一字金輪, 金輪佛頂等-密教大辭典 22페이지.
- ❀ prajvaloṣṇīṣa 熾盛光佛頂-密教大辭典 2028페이지.

laṃ 白傘蓋佛頂.

- ❀ sitātapatra 白傘蓋佛頂-密教大辭典 661페이지.

dhrūṃ 白傘蓋佛頂.

- ❀ sitātapatra 白傘蓋佛頂-密教大辭典 661페이지.

āḥ 光明眞言.

- ❀ Oṃ amogha vairucana mahāmudra maṇi
  padma jvala pravarttaya hūṃ.
- ❀ 唵 旃慕伽 廢魯者娜 摩訶畝陀羅 摩抳
  鉢頭麼 人縛攞 跛羅韈譚野 吽.
- ❀ 歸命 不空 大日如來 大印 寶珠
  蓮花 光明 轉 吽.
- ❀ 密教大辭典 673페이지.

aṃ 無垢淨光陀羅尼.

- ❀ raśmivimalaviśuddhaprabhā-dhāraṇī 無垢淨光陀羅尼經
  -digital dictionary of buddhism 참조.(悉曇字 표기없음).
- ❀ vimala-prabha 無垢光菩薩-密教大辭典 1664페이지.

 striya 寶篋印陀羅尼.

❀ 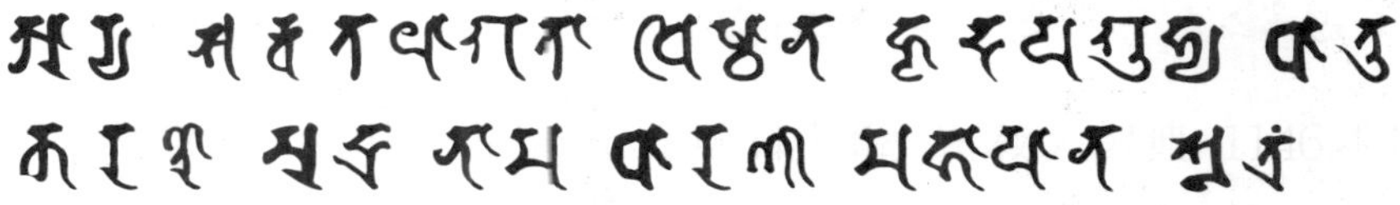

ārya-sarvatathāgatā-chiṣṭhāna hṛdayaguhya dhātu karaṇḍa mudra nāma dhāranī mahāyāna sūtraṃ 一切如來心祕密全身舍利寶篋印陀羅尼經-密敎大辭典 4페이지.

 bhrūṃ 寶篋印陀羅尼.

❀ 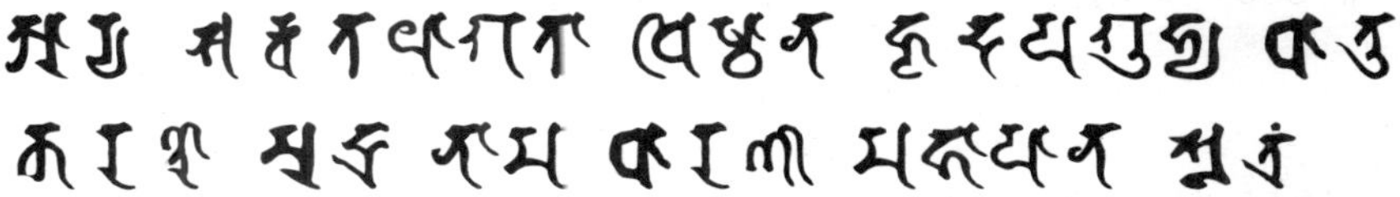

ārya-sarvatathāgatā-dhiṣṭhāna hṛdayaguhya dhātu karaṇḍa mudra nāma chāranī mahāyāna sūtraṃ 一切如來心祕密全身舍利寶篋印陀羅尼經-密敎大辭典 4페이지.

 trāḥ 雨寶陀羅尼.

❀  vasudhārādhāranī 雨寶陀羅尼-ntireader.org. 참조.

 vasu 梵 寶-梵漢大辭典 703페이지,  dhārā 梵 雨,

 dhāranī 梵 陀羅尼-梵漢大辭典 368페이지.

 hūṃ 仁王般若經.

❀  karunika-rāja prajñāpāramitā sūtra 仁王護國般若波羅密多經-wikipedia 참조.

 vaṃ 孔雀經.

❀ 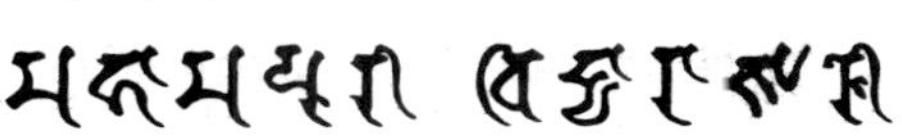 mahāmayūrī vidyārājāñī 孔雀王咒經-密敎大辭典 465페이지.

oṃ 守護經, 請雨經.

- ❀ āryadhāraṇīśvararāja-sūtra 守護國界主陀羅尼經-digital dictionary of buddhism 참조.
- ❀ mahāmeghasūtra 大雲輪請雨經 -jinglu.cbeta.org 참조.

dhiḥ 心經.

- ❀ prajñāpāramitā hṛdaya sūtra 般若波羅蜜多心經-wikipedia 참조.

dhiḥmya(?) 心經.

- ❀ prajñāpāramitā hṛdaya sūtra 般若波羅蜜多心經-wikipedia 참조.

vaṃ 理趣經.

- ❀ adhyardhaśatikā prajñā-pāramitā 理趣經-密敎大辭典 1548 페이지.

bhaḥ 法華經, 菩提場經, 止風雨經.

- ❀ saddharma puṇḍarīka sūtra 妙法蓮華經-wikipedia 참조.
- ❀ bodhimaṇḍalalakṣālaṃkāra 菩提場莊嚴陀羅尼經-wikipedia 참조.
- ❀ śamatha 男 止-梵漢大辭典 1082페이지, vāta-varṣa 風雨-梵漢大辭典 1402페이지, sūtra 男 經-梵漢大辭典 1246페이지.

aḥ 普賢菩薩.

❀ samanta-bhadra 普賢菩薩-密敎大辭典 1639페이지.

aṃ 普賢菩薩.

❀ samanta-bhadra 普賢菩薩-密敎大辭典 1639페이지.

yu 彌勒菩薩.

❀ maitreya 彌勒菩薩-密敎大辭典 2068페이지.

a 彌勒菩薩.

❀ maitreya 彌勒菩薩-密敎大辭典 2068페이지.

trāḥ 虛空藏, 求聞持.

❀ ākāśagarbha 虛空藏菩薩-密敎大辭典 1730페이지.

❀ nama ākāśagarbhāya oṃ māli kamari mauli svāhā.

❀ 南牟 阿迦捨揭婆耶 唵 摩哩 迦摩哩 慕利 莎嚩賀.

❀ 歸命 虛空藏 唵 華鬘 蓮花 冠 成就.

❀ 求聞持印-密敎大辭典 1733페이지.

a 虛空藏, 求聞持.

❀ ākāśagarbha 虛空藏菩薩-密敎大辭典 1730페이지.

❀ nama ākāśagarbhāya oṃ māli kamari mauli svāhā.

❀ 南牟 阿迦捨揭婆耶 唵 摩哩 迦摩哩 慕利 莎嚩賀.

❀ 歸命 虛空藏 唵 華鬘 蓮花 冠 成就.

❀ 求聞持印-密敎大辭典 1733피이지.

vaṃ 五大虛空藏.

- ❀ pañca-bhūta [中][複]五種要素(地水火風空); [經文]五大 -梵漢大辭典 368페이지.
- ❀ ākāśagarbha 虛空藏菩薩-密敎大辭典 1730페이지.

hūṃ 五大虛空藏.

- ❀ pañca-bhūta [中][複]五種要素(地水火風空); [經文]五大 -梵漢大辭典 368페이지.
- ❀ ākāśagarbha 虛空藏菩薩-密敎大辭典 1730페이지.

trāḥ 五大虛空藏.

- ❀ pañca-bhūta [中][複]五種要素(地水火風空); [經文]五大 -梵漢大辭典 368페이지.
- ❀ ākāśagarbha 虛空藏菩薩-密敎大辭典 1730페이지.

ha 地藏菩薩.

- ❀ kṣitigarbha 地藏菩薩-密敎大辭典 710페이지.

ī 地藏菩薩.

- ❀ kṣitigarbha 地藏菩薩-密敎大辭典 710페이지.

pra 隨求菩薩.

- ❀ mahā-pratisarā 大隨求菩薩-密敎大辭典 297페이지, wikipedia 참조.

hūṃ 轉法輪菩薩.

- ❀ dharma-cakra-pravartana 轉法輪-密敎大辭典 2106페이지.

yu 延命菩薩.

❀ janita 延命-密敎大辭典 密敎大辭典 938페이지.

yuḥ 普賢延命菩薩.

❀ janita 延命-密敎大辭典 密敎大辭典 938페이지.

hūṃ 金剛薩埵.

❀ vajra-sattva 金剛薩埵-密敎大辭典 1136페이지.

stvaṃ 金剛薩埵.

❀ vajra-sattva 金剛薩埵-密敎大辭典 1136페이지.

hūṃ 步擲金剛菩薩.

❀ 步擲金剛:步擲明王之或稱-密敎大辭典 885페이지.

❀ padanakṣipa 步擲明王-密敎大辭典 884페이지.

gaḥ 步擲金剛菩薩.

❀ 步擲金剛:步擲明王之或稱-密敎大辭典 885페이지.

❀ padanakṣipa 步擲明王-密敎大辭典 884페이지.

hūṃ 金剛隨心菩薩.

❀ vajra 金剛-密敎大辭典 1011페이지, citta-mātra 國 隨心量, 隨心應量-梵漢大辭典 333페이지, bodhi-sattva 菩薩-密敎大辭典 1713페이지.

ci 太山府君.

❀ citragupta 太山府君-密敎大辭典 462페이지.

 hhuṃ 五祕密菩薩.

❀ 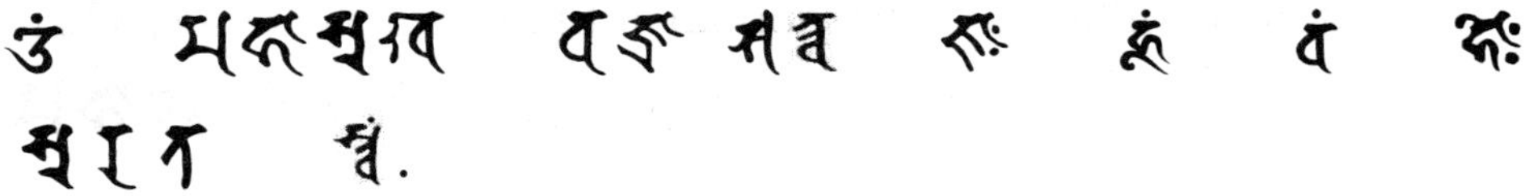

❀ Oṃ mahāsukha vajra sattva jaḥ hūṃ vaṃ hoḥ surata stvaṃ.

❀ 唵 摩訶素佉 嚩日囉 薩怛嚩 弱 吽 鑁 斛 素囉多 薩怛梵.

❀ 歸命 大樂 金剛有情 召請 引入 縛住 歡喜 妙適 生佛不二·入我我入.

❀ 五祕密法-密敎大辭典 390페이지.

 jña 般若菩薩.

❀  prajñā-pāramitā-密敎大辭典 1418페이지.

 jña 般若菩薩.

❀  prajñā-pāramitā 般若菩薩-密敎大辭典 1418페이지.

 vai 藥王菩薩.

❀  bhaiṣajyarāja 藥王菩薩-密敎大辭典 2125페이지.

 na 龍樹菩薩.

❀  nāgārjuṇa 龍樹菩薩-密敎大辭典 2062페이지.

 dhvaṃ 滅惡趣菩薩.

❀ 滅惡趣菩薩:除惡趣菩薩之異名-密敎大辭典 1800페이지.

❀  sarvapāyajaha 除惡趣菩薩-密敎大辭典 1426페이지.

gaṃ 香王菩薩.

❀ gandharāja 香王菩薩-密教大辭典 1329페이지.

sa 靑頸菩薩.

❀ nīlakaṇṭhāvalokiteśvara 靑頸觀音-密教大辭典 1207페이지.

da 持世菩薩, 圓滿金剛.

❀ vasudhara 地勢菩薩-密教大辭典 1231페이지.

❀ 圓滿金剛: 金剛幢菩薩之密號-密教大辭典 1768페이지.

❀ vajra ketu 金剛幢菩薩-密教大辭典 1123페이지.

bhrūṃ 大勝金剛.

❀ mahā-grāsa 經 大最勝(?)-梵漢大辭典 678페이지, mahattva 經 勝, 大勢-梵漢大辭典 687페이지, vajra 金剛-密教大辭典 1011페이지.

baṃ 勝軍地藏.

❀ jaya-sena 勝軍-digital dictionary of buddhism 참조.

❀ kṣitigarbha 地藏菩薩-密教大辭典 710페이지.

sa 諸觀音, 聖觀音.

❀ sarva 經 諸, 一切, 總, 全-梵漢大辭典 1139페이지, avalokiteśvara 經 觀音, 觀世音, 觀自在, 觀世音自在-梵漢大辭典 210페이지.

❀ avalokita 觀自在菩薩-密教大辭典 2260페이지.

❀ āryāvalokiteśvara 聖觀自在菩薩-密教大

辭典 1830페이지.

hrīḥ 千手.

❀ sahasrabhujāryāvalokiteśvara 千手觀音-密敎大辭典 199페이지.

haṃ 馬頭.

❀ hayagrīva 馬頭觀音-密敎大辭典 1440페이지.

ka 十一面.

❀ avalokiteśvara-ekadaśamukha 十一面觀音-密敎大辭典 99페이지.

bu 准胝.

❀ 准胝佛母:或稱七俱胝佛母准胝-密敎大辭典 1343페이지.

❀ saptakoṭibuddhamātṛkā 七俱胝佛母. 一般所知准胝觀音, 又稱佛母準提, 准胝佛母, 尊那佛母等-密敎大辭典 46페이지.

hriḥ 如意輪.

❀ cintāmaṇi-cakra 如意輪觀音-密敎大辭典 760페이지.

trāḥtrāḥ 如意輪又樣.

❀ cintāmaṇi-cakra 如意輪觀音-密敎大辭典 760페이지.

paṃ 白衣.

❀ paṇḍaravāsinī 白衣觀音-密敎大辭典 655페이지.

mo 不空羂索.

❀ amoghapāśa 不空羂索觀音菩薩-密敎大辭典 330 페이지.

sa 菜衣, 大白衣.

❀ aurṇakavāsaḥ 綿衣-280.1번.

❀ śāṇakaṃ 涉納布, 麻衣-280.2번.

❀ kṣaumakaṃ 胡麻衣, 麻衣, 亞麻衣-280.3번.

❀ daukūlakaṃ 葛布, 紵布-280.4번.

❀ koṭambakaṃ 戈丹布, 上毛緂-280.5번

❀ karpāsakaṃ 布衣-280.6번.

❀ kauśeyakaṃ 番南絹, 野蠶衣-280.7번.

❀ aṃśukaṃ 絹羅-280.8번.

❀ paṭṭakaṃ 絹-280.9번.

❀ 佛敎辭典 (飜譯名義大集) 荻原雲來 著-280. 衣服名目 참조.

❀ mahā [經文] 大, 巨, 廣大-梵漢大辭典 676페이지.

❀ paṇḍaravāsinī 白衣觀音-密敎大辭典 655페이지.

traḥ 毗俱胝.

❀ bhṛkuti 毘俱胝菩薩-密敎大辭典 1271페이지.

trā 毗俱胝.

❀ bhṛkuti 毘俱胝菩薩-密敎大辭典 1271페이지.

sa 水月.

❀ udaka-candra [經文] 水月, 水中月, [佛名] 水月(光)-梵漢大辭典 1316페이지.

da 水月, 楊柳.

❀ udaka-candra [經文] 水月, 水中月, [佛名] 水月(光)-梵漢大辭典 1316페이지.

❀ danta-kāṣṭha [經文] 楊枝-梵漢大辭典 348페이지.

❀ a-śleṣa [經文] (星宿之名, 二十八宿之一) 柳-梵漢大辭典 176페이지.

saḥ 得大勢至菩薩.

❀ 得大勢至菩薩:大勢至菩薩之具名.

❀ mahā-sthāma-prāpta 大勢至菩薩-密敎大辭典 276페이지.

hrīḥ 七星如意輪.

❀ saptarṣi [經文] 大熊星座的七星-梵漢大辭典 1131페이지.

❀ cintāmaṇi-cakra 如意輪觀音-密敎大辭典 760페이지.

trāḥtrāḥ 七星如意輪.

❀ saptarṣi [經文] 大熊星座的七星-梵漢大辭典 1131페이지.

❀ cintāmaṇi-cakra 如意輪觀音-密敎大辭典 760페이지.

aṃ 一字文殊.

❀ 一字文殊:就東密而言, 一字文殊卽一髻文殊. 若依台密, 一字與一髻爲各別尊-密敎大辭典 20페이지.

❀ ekajaṭa mañjuśrī 一髻文殊-密敎大辭典 33페이지.

maṃ 一字文殊.

❀ 一字文殊:就東密而言, 一字文殊卽一髻文殊. 若依台密, 一字與一髻爲各別尊-密敎大辭典 20페이지.

❀ ekajaṭa mañjuśrī 一髻文殊-密敎大辭典 33페이지.

 clihyaṃ 室哩頡焰 一字文殊.

❀ 一字文殊:就東密而言, 一字文殊卽一髻文殊. 若依台密, 一字與一髻爲各別尊-密敎大辭典 20페이지.

❀ ekajaṭa mañjuśrī 一髻文殊-密敎大辭典 33페이지.

 dhaṃ 五字文殊.

❀ pañcâkṣara 形五音節的-梵漢大辭典 1131페이지. 五字(?)

❀ mañjuśrī 文殊菩薩-密敎大辭典 486페이지.

❀ 以 (a ra pa ca na 阿羅波者那) 五字作爲真言之文殊菩薩. 或依其尊形稱五髻文殊, 單稱爲文殊時卽指此尊.

 śrī 一髻文殊.

❀ ekajaṭa mañjuśrī 一髻文殊-密敎大辭典 33페이지.

 maṃ 八字文殊.

❀ aṣṭâkṣara 形八音節-梵漢大辭典 1131페이지. 八字(?)

❀ mañjuśrī 文殊菩薩-密敎大辭典 486페이지.

❀ 八字文殊:一般結 《寶藏陀羅尼經》所載之大精進印時, 用

oṃ āḥ vī ra hūṃ kha ca raḥ

唵 阿 味 羅 吽 佉 左 洛 之八字真言-密敎大辭典 87페이지.

dhaṃ 八字文殊.

❀ aṣṭâkṣara 形八音節-梵漢大辭典 1131페이지. 八字(?)

❀ mañjuśrī 文殊菩薩-密敎大辭典 486페이지.

❀ 八字文殊:一般結 《寶藏陀羅尼經》所載之大精進印時, 用 oṃ āḥ vī ra hūṃ kha ca raḥ 唵 阿 味 羅 吽 佉 左 洛 之八字真言.-密敎大辭典 87페이지.

hhūṃ 愛染明王.

❀ rāga 愛染明王-密敎大辭典 1787페이지.

si ddhā hoḥ 愛染明王.

❀ rāga 愛染明王-密敎大辭典 1787페이지.

hmmāṃ 五大尊 不動明王.

❀ pañca 數 五-梵漢大辭典 832페이지.

❀ mahā-muni 數 大聖, 世尊-梵漢大辭典 681페이지.

❀ acalanāthavidyarāja 不動明王-密敎大辭典 343페이지.

hāṃ 不動明王.

❀ acalanāthavidyarāja 不動明王-密敎大

辭典 343페이지.

maṃ 不動明王.

- ❀ acalanāthavidyarāja 不動明王-密敎大辭典 343페이지.

huṃ 東 降三世明王.

- ❀ pūrva 圝 東, 舊, 先, 本-梵漢大辭典 993페이지.
- ❀ vajra-hūṃ-kara 降三世明王-密敎大辭典 343페이지.
- ❀ trailokya-vijaya 降三世明王-密敎大辭典 343페이지.

huṃ 南 軍茶利明王.

- ❀ dakṣiṇa 圝 南, 南方, 右-梵漢大辭典 343페이지.
- ❀ kuṇḍalī 軍茶利明王-密敎大辭典 1304페이지.

hrīḥ 西 大威德明王.

- ❀ paścima 圝 西, 西方, 後-梵漢大辭典 875페이지.
- ❀ yamāntaka 大威德明王-密敎大辭典 249페이지.

hūṃ 北 金剛夜叉明王.

- ❀ uttara 北, 北方, 上-梵漢大辭典 1360페이지.
- ❀ vajrayakṣa 金剛夜叉明王-密敎大辭典 1037페이지.

hūṃ 烏蒭娑摩, 金剛童子, 孔雀明王.

- ❀ ucchuṣma (Chinese and Japanese phonetic translations: 烏樞沙摩明王, 烏樞瑟摩明王, 烏瑟沙摩明王 or 烏芻

沙摩明王, Japanese: Ususama Myōō; Chinese significant name: 除穢金剛 Chúhuì Jīngāng, lit. Vajra purifying the unclean) is a vidyaraja (wisdom king) in the Vajrayana sect of Buddhism . -dbpedia.org 참조.

❀ uc-chuṣma [梵] (明王之名) 暴(?), 除穢忿怒尊-梵漢大辭典 1315페이지.

❀ ucchuṣma 烏樞瑟摩明王:烏樞瑟摩是其梵名音譯, 又書作烏芻澁摩, 烏芻沙摩, 烏樞沙摩等.

❀ 烏=烏.

❀ vajrakumāra 可音譯成嚩日羅俱摩羅, 意爲金剛童子. 諸書大多記其梵號爲 kaṇikrodha (迦抳句路馱) 金剛童子-密教大辭典 1098페이지.

❀ mahāmayūrī 孔雀明王-密教大辭典 466페이지.

vaṃ 太元明王.

❀ aṭavaka 太元帥明王:十六藥叉將之一. 略稱爲太元帥, 通稱爲太元-密教大辭典 463페이지.

bhuḥ 蘘虞利童子.

❀ jāṅgulī 蘘虞利童子:之音譯, 或書作穰虞梨, 常瞿利, 意爲蛇醫師或頒解毒劑者-密教大辭典 2246페이지.

hoṃkla 矜迦羅童子.

❀ kiṅkara 矜羯羅童子-密教大辭典 1284페이지.

śaiṭk 势多迦童子.

❀ ceṭaka 制多迦童子-wikipedia.org 참조.

❀ 势=勢

✪ 十二天

❀ dvā-daśa 十二-梵漢大辭典 419페이지.

❀ deva 天, 乾-梵漢大辭典 358페이지.

bu 梵天.

❀ brahmā 梵天-密教大辭典 1519페이지.

a 日天.

❀ āditya 日天-密教大辭典 496페이지.

i 伊舍那天.

❀ īśāna 伊舍那天-密教大辭典 668페이지.

ī 帝釋天.

❀ śakra indra 帝釋天-密教大辭典 1224페이지.

a 火天.

❀ agni 火天-密教大辭典 520페이지.

yaṃ 焔魔天.

❀ yāma 焰摩天-梵漢大辭典 1503페이지.

pṛ 地天.

❀ pṛthivī 地天-密敎大辭典 704페이지.

ca 月天.

❀ candra 月天-密敎大辭典 502페이지.

vai 毘沙門天.

❀ vaiśravaṇa 毘沙門天-密敎大辭典 1264페이지.

vā 風天.

❀ vāyu 風天-密敎大辭典 1322페이지.

va 水天.

❀ varuṇa 水天-密敎大辭典 512페이지.

ni 羅刹天.

❀ rākṣasādhipataya 羅刹天-密敎大辭典 2120 페이지.

✪ 四天王.

❀ catur-mahā-rāja-kāyika 四天王-梵漢大辭典 319페이지.

vai 多聞天.

❀ vaiśravaṇa 毘沙門天:漢字對譯作吠室羅末拏, 義譯爲多聞, 普聞, 種種聞等-密敎大辭典 1264페이지.

dhṛ 持國天.

❀ dhṛta-rāṣṭra 持國天-密敎大辭典 1243페이지.

vi 增長天.

❀ virūḍhaka 增長天-密敎大辭典 1912페이지.

vī 廣目天.

❀ virūpākṣa 廣目天-密敎大辭典 1924페이지.

su 辨財天, 宇賀神.

❀ sarasvatī 辯才天-密敎大辭典 2228페이지.

❀ 宇賀弁才天 참고 요망 wikipedida.org.

u 辨財天,宇賀神.

❀ sarasvatī 辯才天-密敎大辭典 2228페이지.

❀ 宇賀弁才天 참고 요망 wikipedia.org.

la 寂勝太子.

❀ sañjāya 最勝太子-密敎大辭典 1597페이지.

hūṃ 訶利帝母.

❀ haritī 訶利帝母-密敎大辭典 1738페이지.

ma 摩利支天.

❀ marīci 摩利支天-密敎大辭典 1937페이지.

ma 大黑天.

❀ mahā-kāla 大黑天-密敎大辭典 274페이지.

tri 大自在天.

❀ maheśvara 大自在天-密敎大辭典 274페이지.

huṃ 金翅鳥天.

❀ garuḍa 圓 金翅鳥-梵漢大辭典 451페이지.

❀ deva 天, 乾-梵漢大辭典 358페이지.

gaḥ 聖天, 歡喜天.

- ārya-deva 梵 聖天-梵漢大辭典 160페이지.
- 聖天:歡喜天之俗稱, 大聖歡喜天之略稱-密教大辭典 1820페이지.
- gaṇapati 歡喜天-密敎大辭典 2238페이지.

gaḥgaḥ 歡喜天.

- gaṇapati 歡喜天-密敎大辭典 2238페이지.

huṃ 伎藝天.

- silpasthāna 伎藝-密敎大辭典 1173페이지.

ṭ 寶藏天.

- tāraka 寶藏天:則是救助者之義, 故所謂寶藏-密敎大辭典 2175페이지.
- ratna-garva 梵 寶藏-梵漢大辭典 1022페이지.
- deva 天, 乾-梵漢大辭典 358페이지.

tra 寶藏天.

- tāraka 寶藏天:則是救助者之義, 故所謂寶藏-密敎大辭典 2175페이지.
- ratna-garva 梵 寶藏-梵漢大辭典 1022페이지.
- deva 天, 乾-梵漢大辭典 358페이지.

hūṃ 荒神.

- rudra 梵 暴惡, 暴風雨之神-梵漢大辭典 1036페이지.

hūṃ 荒神.

- rudra 梵 暴惡, 暴風雨之神-梵漢大辭典 1036페이지.

◎ 七曜.

❀ graha 經 曜, 宿, 星-梵漢大辭典 467페이지.

❀ sapta grahāḥ 七曜-梵漢大辭典 468페이지.

vai 貪狼星.

❀ rāga 經 貪-梵漢大辭典 1005페이지.

❀ vṛka 經 狼-梵漢大辭典 468페이지.

❀ graha 經 曜, 宿, 星-梵漢大辭典 467페이지.

❀ 貪狼星:北斗七星之第一星, 子年生人之本命星-密教大辭典 1573 페이지.

❀ 大正新修大藏經 21卷 no.1307 佛說北斗七星延命經-貪狼星.

tra 巨文星.

❀ mahā 經 大, 巨-梵漢大辭典 467페이지.

❀ a-kṣara 文, 字-梵漢大辭典 64페이지.

❀ graha 經 曜, 宿, 星-梵漢大辭典 467페이지.

❀ 巨文星:北斗七星之第二星, 丑年亥年生人之本命星-密教大辭典 621 페이지.

❀ 大正新修大藏經 21卷 no.1307 佛說北斗七星延命經-巨文星.

ka 祿存星.

❀ 祿存星:北斗七星之第三星, 寅年戌年生人之本命星-密教大辭典 1811 페이지.

❀ 真言: cṃ pra ta gha hūṃ 唵婆羅多伽吽-密教大辭典 1811페이지.

❀  大正新修大藏經 21卷 no.1307 佛說北斗七星延命經-祿存星.

𑖢𑖿𑖨 pra 文曲星.

❀ 文曲星:北斗七星之第四星, 卯年酉年生人之本命星-密教大辭典 480 페이지.

❀ 真言: 𑖌𑖽 𑖂𑖨𑖰𑖟𑖨𑖘 𑖮𑖳𑖽 oṃ iridaraṭa hūṃ 唵伊利陀羅吒吽-密教大辭典 480페이지.

❀  大正新修大藏經 21卷 no.1307 佛說北斗七星延命經-文曲星.

𑖝𑖿𑖨𑖴 trū 廉貞星.

❀廉貞星:北斗七星之第五星, 辰年申年生人之本命星-密教大辭典 1775 페이지.

❀真言: 𑖌𑖽 𑖠𑖲𑖘𑖨𑖜𑖰 𑖌𑖽 oṃ dhuṭaraṇi oṃ 唵吐吒羅尼唵-密教大辭典 1776페이지.

❀  大正新修大藏經 21卷 no.1307 佛說北斗七星延命經-廉貞星.

𑖡 na 武曲星.

❀ 武曲星:北斗七星之第六星, 巳年未年生人之本命星-密教大辭典 1775 페이지.

❀ 真言: 𑖌𑖽 𑖐𑖨𑖳 𑖮𑖳𑖽 oṃ garū hūṃ 唵誐覩嚕吽-密教大辭典 1776 페이지.

❀  大正新修大藏經 21卷 no.1307 佛說北斗七星延命經-武曲星.

𑖪 va 破軍星.

❀ 破軍星:北斗七星之第七星, 午年生人之本命星-密教大辭典 1391

페이지.

❀ 真言: oṃ bhasadahaṃṭa hūṃ 唵婆娑身陀含吽-密敎大辭典 1391페이지.

❀ 大正新修大藏經 21卷 no.1307 佛說北斗七星延命經-破軍星.

✪ 九曜.

❀ graha 㲸 曜, 宿, 星-梵漢大辭典 467페이지.

❀ nava grahāḥ 七曜-梵漢大辭典 468페이지.

la 羅睺星.

❀ rāhu 羅睺星-密敎大辭典 1391페이지.

śa 土曜星.

❀ śanaiścara 土曜-密敎大辭典 208페이지.

bu 水曜星.

❀ budha 水曜星-密敎大辭典 518페이지.

śrī 金曜星.

❀ śukra 金曜-密敎大辭典 1158페이지.

a 日曜星.

❀ āditya 日曜-密敎大辭典 500페이지.

a 火曜星.

❀ āṅgaraka 火曜-密敎大辭典 526페이지.

he 計都星.

❀ ketu 計都星-密敎大辭典 1301페이지.

so 月曜星.

❀ soma 月曜-密敎大辭典 508페이지.

bṛ 木曜星.

❀ bṛhaspati 木曜-密敎大辭典 510페이지.

◎ 十二宮.

❀ dvā-daśa [經文] 十二-梵漢大辭典 419페이지.

❀ pura [經文] 宮-梵漢大辭典 794페이지.

ho 獅子宮.

❀ siṃha 師子宮-密敎大辭典 1350페이지.

haṃ 雙女宮.

❀ kanyā 少女宮-密敎大辭典 470페이지.

raḥ 稱量宮.

❀ tulā 稱宮-密敎大辭典 1407페이지.

vṛ 蝎虫宮.

❀ vṛścika 蝎蟲宮-密敎大辭典 1985페이지.

dha 弓宮.

❀ dhanu 弓宮-密敎大辭典 307페이지.

ma 摩竭宮.

❀ makara 摩竭宮-密敎大辭典 1946페이지.

ku 寶甁宮.

❀ kumbha 賢甁宮-密敎大辭典 2001페이지.

mi 雙魚宮.

❀ mīna 雙魚宮-密敎大辭典 2113페이지.

me 白羊宮.

❀ meṣa 羊宮-密敎大辭典 798페이지.

ka 牛蜜宮.

❀ bṛṣa 密牛宮-密敎大辭典 1477페이지.

ke 男女宮.

❀ mithuna 男女宮-密敎大辭典 889페이지.

ka 蟹宮.

❀ kartāka 螃蟹宮-密敎大辭典 2038페이지.

◎ 廿八宿.

❀ aṣṭāviṃśati-nakṣatrāṇi 二十八宿.

❀ 佛敎辭典（飜譯名義大集）荻原雲來 著-165. 二十八宿 참조.

bha 室.

❀ pūrvabhadrapadā 室宿-密敎大辭典 2038페이지.

u 壁.

❀ uttarabhadrapadā 壁宿-密敎大辭典 2018 페이지.

re 奎.

❀ revatī 奎宿-密敎大辭典 1220페이지.

a 婁.

❀ aśvinī 婁宿-密教大辭典 1476페이지.

śa 胃.

❀ bharaṇī 胃宿-密教大辭典 1297페이지.

ro 昴.

❀ kṛttikā 昴宿-密教大辭典 1257페이지.

ro 畢.

❀ rohinī 畢宿-密教大辭典 1560페이지.

ro 觜.

❀ mṛgaśira 觜宿-密教大辭典 1841페이지.

a 參.

❀ ārdrā 參宿-密教大辭典 1456페이지.

pra 井.

❀ punarvasū 井宿-密教大辭典 423페이지.

pu 鬼.

❀ puṣya 鬼宿-密教大辭典 1449페이지.

a 柳.

❀ āśleṣā 柳宿-密教大辭典 1260페이지.

ma 星.

❀ maghā 星宿-密教大辭典 1256페이지.

𑖢𑖯 pā 張.

❀ 𑖢𑖳𑖨𑖿𑖪𑖣𑖩𑖿𑖐𑖲𑖡𑖱 pūrvaphalgunī 張宿-密敎大辭典 1489페이지.

𑖭𑖰 si 翼.

❀ 𑖄𑖝𑖿𑖝𑖨𑖣𑖩𑖿𑖐𑖲𑖡𑖱 uttaraphalgunī 翼宿-密敎大辭典 2082페이지.

𑖮 ha 軫.

❀ 𑖮𑖭𑖿𑖝𑖯 hastā 軫宿-密敎大辭典 1743페이지.

𑖭𑖱 sī 角.

❀ 𑖓𑖰𑖝𑖿𑖨𑖯 citrā 角宿-密敎大辭典 893페이지.

𑖭𑖿𑖪𑖯 svā 亢.

❀ 𑖭𑖿𑖪𑖯𑖝𑖱 svātī 亢宿-密敎大辭典 423페이지.

𑖭𑖲 su 氐.

❀ 𑖪𑖰𑖫𑖯𑖏𑖯 viśākhā 氐宿-密敎大辭典 640페이지.

𑖀 a 房.

❀ 𑖀𑖡𑖲𑖨𑖯𑖠𑖯 anurādhā 房宿-密敎大辭典 951페이지.

𑖕𑖸 je 心.

❀ 𑖕𑖿𑖧𑖸𑖬𑖿𑖙𑖯 jyeṣṭhā 心宿-密敎大辭典 475페이지.

𑖢𑖿𑖨 pra 尾.

❀ 𑖦𑖳𑖩 mūla 尾宿-密敎大辭典 871페이지.

𑖀 a 箕.

❀ 𑖢𑖳𑖨𑖿𑖪𑖯𑖬𑖯𑖚𑖯 pūrvāṣāḍhā 箕宿-密敎大辭典 1894페이지.

𑖦 ma 斗.

❀ uttarāṣāḍhā 斗宿-密敎大辭典 493페이지.

a 牛.

❀ abhijit 牛宿-密敎大辭 529페이지.

❀ abhijit 女-佛敎辭典 (飜譯名義大集) 荻原雲來 著 -165.21.

śra 女.

❀ śravaṇā 女宿-密敎大辭 302페이지.

❀ śravaṇāḥ 牛-佛敎辭典 (飜譯名義大集) 荻原雲來 著 -165.20.

dha 虛.

❀ dhaniṣṭhā 虛宿-密敎大辭典 475페이지.

❀ dhaniṣṭhā 危-佛敎辭典 (飜譯名義大集) 荻原雲來 著 -165.23.

śa 危.

❀ śatabhiṣā 危宿-密敎大辭典 689페이지.

❀ śatabhiṣā 虛-佛敎辭典 (飜譯名義大集) 荻原雲來 著 -165.22.

ro 星宿惣種子.

◎ 八祖種子

a 龍猛菩薩.

❀ nāgārjuṇa 龍猛-密敎大辭典 2059페이지.

aḥ 龍智菩薩.

❀ nāgabodhi 龍智-密敎大辭典 2060페이지.

saḥ 金剛智三藏.

❀ vajrabodhi 金剛智-密敎大辭典 1095페이지.

maṃ 不空三藏.

❀ amogha-vajra 不空-密敎大辭典 312페이지.

ha 善無畏三藏.

❀ śubhakarasimha 善無畏-密敎大辭典 1704페이지.

vai 一行阿闍梨耶.

❀ 一行-密敎大辭典 27페이지.

❀ ācārya 阿闍梨耶-密敎大辭典 1192페이지.

huṃ 惠果和尙.

❀ 惠果-密敎大辭典 1610페이지.

❀ upâdhyāya 梵 和上, 師-梵漢大辭典 1333페이지.

hāṃ 弘法大師.

❀ 弘法-密敎大辭典 625페이지.

❀ śāstṛ 梵 大師-梵漢大辭典 1149페이지.

✪ 六地藏.

❀ ṣaṭkikā 梵 六-梵漢大辭典 1149페이지.

❀ kṣitigarbha 地藏菩薩-密敎大辭典 710페이지.

i 黑衣地藏 地獄道.

❀ nāraka 梵 地獄-梵漢大辭典 768페이지.

ī 枳里地藏 餓鬼道.

❀ preta 經 餓鬼-梵漢大辭典 974페이지.

i 天月地藏 畜生道.

❀ tiryaṅ-niraya 陽 畜生道, 因惡報生於畜生界-梵漢

ī 人福地藏 修羅道.

❀ asura 阿修羅-密教大辭典 1176페이지.

uṃ 𦘒衣地藏 人道.

❀ mānuṣya-gati 經 人道-梵漢大辭典 711페이지.

ha 天華地藏 天道.

❀ deva 經 天-梵漢大辭典 358페이지.

◎ 三十佛.

❀ triṃśati 陰 三十-梵漢大辭典 1298페이지.

❀ buddha 譯 佛, 佛陀-梵漢大辭典 298페이지.

a 一日定光佛.

❀ eka 經 一-梵漢大辭典 428페이지.

❀ dipaṅkara 定光佛-密教大辭典 931페이지.

huṃ 二日燃燈佛.

❀ dvi 經 二-梵漢大辭典 422페이지.

❀ dīpaṃkara-tathāgata 經 燃燈佛-梵漢大辭典 428페이지.

a 三日多寶佛.

- ❀ tri [經文] 三-梵漢大辭典 1296페이지.
- ❀ prabhūta-ratna [經文]多寶, 衆寶-梵漢大辭典 901페이지.
- ❀ buddha [譯音] 佛, 佛陀-梵漢大辭典 298페이지.

huṃ 四日阿閦如来.

- ❀ catur [經文] 四-梵漢大辭典 317페이지.
- ❀ akṣobhya 阿閦佛-密敎大辭典 1185페이지

yu 五日彌勒佛.

- ❀ pañca [經文] 五-梵漢大辭典 832페이지.
- ❀ maitreya 彌勒菩薩-密敎大辭典 2068페이지.

ā 六日二万燈明佛.

- ❀ ṣaṭkikā [經文] 六-梵漢大辭典 1154페이지.
- ❀ dvi [經文] 二-梵漢大辭典 422페이지.
- ❀ a-yuta [經文] 萬, 億, 垓-梵漢大辭典 231페이지.
- ❀ dīpa [經文] 燈明-梵漢大辭典 428페이지.

aṃ 七日三万燈明佛.

- ❀ saptâha [經文] 七日-梵漢大辭典 1131페이지.
- ❀ tri [經文] 三-梵漢大辭典 1296페이지.
- ❀ a-yuta [經文] 萬, 億, 垓-梵漢大辭典 231페이지.
- ❀ dīpa [經文] 燈明-梵漢大辭典 428페이지.

vai 八日藥師如来.

- asṭa [梵] 八-梵漢大辭典 428페이지.
- bhaiṣajyā-guru-vaidūrya-prabhārāja 藥師如來-密敎大辭典 2127페이지.

aṃ 九日大通智勝佛.

- nava [梵] 九-梵漢大辭典 773페이지.
- mahābhijñā-jñānâbhibhū [梵] (佛名)-大通智勝-梵漢大辭典 676페이지.

a 十日日月燈明佛.

- daśa [梵] 十-梵漢大辭典 351페이지.
- candra-sūrya-pradīpa [梵] (佛名) 日月燈明, 日月光-梵漢大辭典 676페이지.

hūṃ 十一日歡喜佛.

- ekā-daśa [梵] 十一-梵漢大辭典 429페이지.
- nandikeśvara [梵] 歡喜主-梵漢大辭典 767페이지.

huṃ 十二日難勝佛.

- dvā-daśa [梵] 十二-梵漢大辭典 419페이지.
- su-durjaya [梵] 難勝-梵漢大辭典 1224페이지.

trāḥ 十三日虛空藏.

- trayo-daśa [形] 第十三的-梵漢大辭典 1296페이지.
- ākāśagarbha 虛空藏菩薩-密敎大辭典 1730페이지.

aṃ 十四日普賢菩薩.

❀ catur-daśa 形 第十四的-梵漢大辭典 318페이지.

❀ samanta-bhadra 普賢菩薩-密教大辭典 1639페이지.

hrīḥ 十五日阿彌陀如来.

❀ pañca-daśa 形 第十五號的-梵漢大辭典 832페이지.

❀ amitā 阿彌陀佛-密教大辭典 1194페이지.

dha 十六日陀羅尼菩薩.

❀ ṣoḍaśa 數 十六-梵漢大辭典 1187페이지.

❀ dāraṇī 陀羅尼-密教大辭典 1161페이지.

❀ bodhi-sattva 菩薩-密教大辭典 1713페이지.

na 十七日龍樹菩薩.

❀ sapta-daśa 形 第十七的-梵漢大辭典 318페이지.

❀ nāgārjuṇa 龍樹菩薩-密教大辭典 2062페이지.

sa 十八日觀世音菩薩.

❀ aṣṭā-daśa 形 第十八的-梵漢大辭典 180페이지.

❀ avalokita 觀自在菩薩-密教大辭典 2260페이지.

ka 十九日日光菩薩.

❀ nava-daśa 形 第十九的-梵漢大辭典 773페이지.

❀ sūrya-prabha 日光菩薩-密教大辭典 498페이지.

ca 廿日月光菩薩.

❀ viṃśati 數 二十-梵漢大辭典 1436페이지.

❀ candraprabha 月光菩薩-密敎大辭典 498페이지.

sa 卄一日無量意菩薩.

❀ eka-viṃśati 陰 二十一-梵漢大辭典 434페이지.

❀ 無量意菩薩:同於無盡意菩薩-密敎大辭典 1680페이지.

❀ akṣayamati 無盡意菩薩-密敎大辭典 1684페이지.

ra 卄二日施無畏菩薩.

❀ dvā-viṃśati 陰 二十二-梵漢大辭典 421페이지.

❀ abhayaṃ-dada 施無畏菩薩-密敎大辭典 1253페이지.

saḥ 卄三日得大勢至菩薩.

❀ trayo-viṃśati 陰 二十三-梵漢大辭典 1296페이지.

❀ 得大勢至菩薩:大勢至菩薩之具名.

❀ mahā-sthāma-prāpta 大勢至菩薩-密敎大辭典 276페이지.

ha 卄四日地藏菩薩.

❀ catur-viṃśati 陰 二十四-梵漢大辭典 319페이지.

❀ kṣitigarbha 地藏菩薩-密敎大辭典 710페이지.

maṃ 卄五日文殊師利菩薩.

❀ pañca-viṃśati 陰 二十五-梵漢大辭典 835페이지.

❀ mañjuśrī 文殊師利-密敎大辭典 482페이지.

aṃ 卄六日藥上菩薩.

❀ ṣaḍ-viṃśati 陰 二十六-梵漢大辭典 1051페이지.

❀ bhaiṣajya-samudgata [經文] (菩薩名) 藥上-梵漢大辭典 252페이지.

a 卄七日盧遮那佛.

❀ sapta-viṃśati [陰] 二十七-梵漢大辭典 1132페이지.

❀ vairocana 毘盧遮那-密教大辭典 1276페이지.

aḥ 卄八日大日如來.

❀ aṣṭā-viṃśati [陰] 二十八-梵漢大辭典 181페이지.

❀ mahāvairocana 大日如來-密教大辭典 218페이지.

huṃ 卄九日藥王菩薩.

❀ nava-viṃśa [形] 第二十九的-梵漢大辭典 774페이지.

❀ bhaiṣajyarāja 藥王菩薩-密教大辭典 2125페이지.

bhaḥ 晦日釋迦如來.

❀ triṃśati [陰] 三十-梵漢大辭典 1298페이지.

❀ śākya-muni 釋迦如來-密教大辭典 2200페이지.

◎ 十二光佛.

❀ dvā-daśa [經文] 十二-梵漢大辭典 419페이지.

❀ raśmi [經文] 光, 光明-梵漢大辭典 1019페이지.

❀ pra-bhāsa [經文] 光, 明, 光明-梵漢大辭典 900페이지.

❀ buddha [譯音] 佛, 佛陀-梵漢大辭典 298페이지.

mi 無量光佛.

❀ amitaprabha 無量光菩薩-密敎大辭典 1678페이지.

a 無邊光佛.

❀ ananta-prabha [經]（samādhi之名）無邊光-梵漢大辭典 86페이지.

ti 無碍光佛.

❀ aprtihata-prabha [經]（amitābha佛之屬性）無礙光, 無對光-梵漢大辭典 143페이지.

vi 無對光佛.

❀ apratihata-prabha [經]（amitābha 佛之屬性）無礙光, 無對光-梵漢大辭典 143페이지.

ja 王炎光佛.

❀ rājan [經] 王, 國王-梵漢大辭典 1008페이지.

❀ arciṣmatī [經] 炎, 焰-梵漢大辭典 151페이지.

śu 淸淨光佛.

❀ śuddhi 淸淨觀世音-密敎大辭典 1536페이지.

da 歡喜光佛.

❀ nandikeśvara [經] 歡喜主-梵漢大辭典 767페이지.

jña 智惠光佛.

❀ pra-jñā [經] 知慧-梵漢大辭典 912페이지.

na 不斷光佛.

❀ nitya-sṛṣṭa-prabha [經]（阿彌陀佛 amitābha 的屬性）不斷光-梵漢大辭典 143페이지.

du 難思光佛.

- ❀ na cintya 難思-digital dictionary of buddhism 참조.

ni 無稱光佛.

- ❀ atulya-prabha [經文] (amitābha 佛之屬性) 無稱光, 無等光-梵漢大辭典 200페이지.

ndra 超日月光佛.

- ❀ vi-krama [經文] 超過, 威-梵漢大辭典 200페이지.
- ❀ candra-sūrya-pradīpa [經文] (佛名) 日月燈明, 日月光-梵漢大辭典 676페이지.

◎ 藥師十二神將. 十二地支.

- ❀ bhaiṣajyā-guru-vaidūrya-prabhārāja 藥師如來-密教大辭典 2127페이지.
- ❀ dvā-daśa [經文] 十二-梵漢大辭典 419페이지.
- ❀ yakṣa [經文] 神, 鬼神 [譯音] 夜叉, 藥叉-梵漢大辭典 1501페이지.
- ❀ dvādaśâṅga [經文] 十二支-梵漢大辭典 419페이지.

a 宮毘羅大將 亥.

- ❀ kumbhīra 宮毗羅大將-密教大辭典 1348페이지.
- ❀ sūkara [經文] 猪-梵漢大辭典 1226페이지.

raṃ 伐折羅大將 戌.

- ❀ vajra 伐折羅大將-密教大辭典 670페이지.
- ❀ śvāna [經文] 犬, 九-梵漢大辭典 1255페이지.

maṃ 迷企羅大將 酉.

❀ mihira 迷企羅大將-密教大辭典 1423페이지.

❀ kukkuṭa [梵] 鷄-梵漢大辭典 632페이지.

ha 安底羅大將 申.

❀ āṇḍīra 安底羅大將-密教大辭典 778페이지.

❀ markaṭa [梵] 猴-梵漢大辭典 715페이지.

traṃ 安你羅大將 未.

❀ ajira 頞儞羅大將-密敎大辭典 2008페이지.

❀ urabhra [梵] 羊-梵漢大辭典 1349페이지.

ma 珊底羅大將 午.

❀ śaṇḍira 珊底羅大將-密教大辭典 1280페이지.

❀ aśva [梵] 馬-梵漢大辭典 185페이지.

ca 因達羅大將 巳.

❀ indra 因陀羅大將-密教大辭典 701페이지.

❀ sarpa [梵] 蛇, 龍-梵漢大辭典 1138페이지.

hrīḥ 婆夷羅大將 辰.

❀ pajra 婆夷羅大將-密教大辭典 992페이지.

❀ nāga [梵] 龍-密教大辭典 2058페이지.

sa 馬虎羅大將 卯.

❀ makura 摩虎羅大將-密教大辭典 1942페이지.

❀ śaśa [梵] 兎-梵漢大辭典 1146페이지.

ga 真達羅大將 寅.

❀ sindūra 真達羅大將-密教大辭典 1389페이지.

❀ vyāghra [經文] 虎, 豹-梵漢大辭典 1483페이지.

haṃ 招杜羅大將 丑.

❀ catura 招杜羅大將-密教大辭典 954페이지.

❀ gāva [經文] 牛-梵漢大辭典 454페이지.

hūṃ 毘羯羅大將 子.

❀ vikarāla 毘羯羅大將-密教大辭典 954페이지.

❀ mūṣaka [經文] 鼠-梵漢大辭典 751페이지.

✪ 十六善神.

❀ ṣoḍaśa [經文] 十六-梵漢大辭典 1187페이지.

❀ kuśala [經文] 善-梵漢大辭典 639페이지.

❀ devatā [經文] 神-梵漢大辭典 361페이지.

bhaḥ 俱毘盧神, kī 婆李盧神, hrīḥ 迷試盧神,

puṃ 阿尼盧神, sa 安量盧神, trāḥ 珊底盧神,

ī 固頭盧神, maṃ 婆夷盧神, vai 摩俱盧神,

aṃ 真頭盧神, sā 相毘盧神, yaḥ 毘迦盧神,

vai 照頭盧神, vi 通頭盧神, dhṛ 波頭盧神,

vī 氣毘盧神.

✪ 理趣經段段種子.

❀ adhyardhaśatikā prajñā-pāramitā 理趣經-密教大辭典 1548 페이지.

❀ bīja [經文] 種子-梵漢大辭典 286페이지.

❀ [illegible]=段.

huṃ, āḥ, huṃ, hrīḥ,

traṃ, aḥ, aṃ, hūṃ,

oṃ, haḥ, hūṃ, tri,

hyo, svā, haṃ,

mhhulaṃ.

◎ 理趣會曼荼羅諸尊種子.

❀ maṇḍala [經文] 曼荼羅-梵漢大辭典 701페이지.

oṃ 金剛薩埵.

❀ vajra-sattva 金剛薩埵-密敎大辭典 323페이지.

ma 欲.

❀ chanda [經文] 欲, 貪, 求-梵漢大辭典 286페이지.

hā 觸.

❀ sparśa [經文] 觸-密敎大辭典 1190페이지.

su 愛.

❀ tṛṣṇa [經文] 愛, 貪-梵漢大辭典 1303페이지.

kha 慢.

❀ māna [梵] 慢-梵漢大辭典 697페이지.

va 香.

❀ dhūpa [梵] 香-梵漢大辭典 384페이지.

jra 華.

❀ puṣpa [梵] 華, 花-梵漢大辭典 998페이지.

sa 燈.

❀ dīpa [梵] 燈-梵漢大辭典 390페이지.

tva 塗.

❀ pra-lepa [梵] 塗-梵漢大辭典 919페이지.

jāḥ 鉤.

❀ aṅkuśa [梵] 鉤-梵漢大辭典 102페이지.

hūṃ 索.

❀ varatrā [梵] 索-梵漢大辭典 1390페이지.

vaṃ 鏁.

❀ ni-gaḍa [梵] 鏁-梵漢大辭典 779페이지.

hoḥ 鈴.

❀ kaṅkaṇa [梵] 鈴-梵漢大辭典 562페이지.

su 嬉.

❀ rati [梵] 嬉-梵漢大辭典 1021페이지.

ra 鬘.

❀ mālā [經文] 鬘-梵漢大辭典 1021페이지.

ta 歌.

❀ gāya [陽] 歌-梵漢大辭典 455페이지.

❀ gīta [經文] 歌-梵漢大辭典 461페이지.

stvaṃ 舞.

❀ nṛtya [經文] 舞-梵漢大辭典 461페이지.

vaṃ 大日三尊 金.

❀ vajra-dhātu-maṇḍala 金剛界曼茶羅-密教大辭典 1052페이지.

stvaṃ 轉法輪金剛薩埵.

❀ dharma-cakra-pravartana 轉法輪-密教大辭典 2106페이지.

❀ vajra-sattva 金剛薩埵-密教大辭典 1136페이지.

huṃ 教令輪降三世.

❀ 教令輪:三輪之一-密教大辭典 1513페이지.

❀ 自性輪, 正法輪, 教令輪等之謂-密教大辭典 1513페이지.

❀ tri-maṇḍala [中] 三輪-梵漢大辭典 1298페이지.

❀ vajra-hūṃ-kara 降三世明王-密敎大辭典 1315페이지.

āḥ 大日三尊 胎.

❀ garbha-kosa maṇḍala 胎藏曼荼羅-密敎大辭典 1294페이지.

jña 轉法輪般若菩薩.

❀ dharma-cakra-pravartana 轉法輪-密敎大辭典 2106페이지.

❀ prajñā-pāramitā 般若菩薩-密敎大辭典 1418페이지.

hmmāṃ 敎令輪不動.

❀ 敎令輪:三輪之一-密敎大辭典 1513페이지.

❀ 自性輪, 正法輪, 敎令輪等之謂-密敎大辭典 1513페이지.

❀ tri-maṇḍala 囲 三輪-梵漢大辭典 1298페이지.

❀ acalanāthavidyarāja 不動明王-密敎大辭典 343페이지.

hrīḥ 阿彌陀三尊.

❀ amitā 阿彌陀佛-密教大辭典 1194페이지.

saḥ 勢至菩薩.

❀ mahā-sthāma-prāpta 大勢至菩薩-密教大辭典 276페이지.

sa 觀音菩薩.

❀ avalokita 觀自在菩薩-密教大辭典 2260페이지.

bhaḥ 釋迦三尊.

❀ śākyamuni 釋迦如來-密教大辭典 2200페이지.

maṃ 文殊菩薩.

❀ mañjuśrī 文殊菩薩-密教大辭典 486페이지.

aṃ 普賢菩薩.

❀ samanta-bhadra 普賢菩薩-密教大辭典 1639페이지.

vai 藥師三尊.

❀ bhaiṣajyā-guru-vaidūrya-prabhārāja 藥師如来-密教大辭典 2127페이지.

a 日光菩薩.

❀ sūrya-prabha 日光菩薩-密教大辭典 498페이지.

ca 月光菩薩.

❀ candraprabha 月光菩薩-密教大辭典 498페이지.

hmmāṃ 不動三尊.

❀ kṣitigarbha 地藏菩薩-密教大辭典 710페이지.

tra 金伽羅童子.

❀ kiṅkara 矜羯羅童子-密教大辭典 1284페이지.

ṭ 逝多伽童子.

❀ ceṭaka 𨟴 奴, 僮僕-梵漢大辭典 322페이지.

hhūṃ 愛染三尊,

❀ rāga 愛染明王-密敎大辭典 1787페이지.

si.

❀ 蓮華部-tobifudo.jp 愛染三尊 참조.

❀ padma 㘴 蓮華-梵漢大辭典 825페이지.

ddhi.

❀ 金剛部-tobifudo.jp 愛染三尊 참조.

❀ vajra 㘴 金剛-梵漢大辭典 1378페이지.

vai 毘沙門三尊.

❀ vaiśravaṇa 毘沙門天-密敎大辭典 1264페이지.

ka 善日童子.

❀ 善日童子:日蓮大聖人の童名-gmate.org 참조.

❀ sudhānakumāra 善財童子-wikipedia.org 참조.

 śrī 吉祥天女.

❀  mahāśrī 吉祥天-密敎大辭典 1264페이지.

 vaiclammadaya.

 mhaklya.

 da.,

 bhrūṃ.

 śrī 室利 吉祥.

❀  śrī 梵 吉祥-梵漢大辭典 1199페이지.

寛文庚戌夏五月日書

沙門澄禪

수 많은 종자집(種子集)에서 澄禪和尙 작품을 관심있게 보다가 정리하면서 다시 한번 종자(種子)를 알게 되는 계기가 되었습니다. 범어천자문(梵語千字文), 당범문자(唐梵文字), 범어잡명(梵語雜名)에서 접하기 어려웠던 중요한 불교단어들을 정리하게 되어서 좀 흐뭇하지만, 적원운래(荻原雲來) 선생님의 불교사전-번역명의대집(飜譯名義大集)에 비하면 아직 단어들이 부족합니다. 종자집(種子集)을 푸는데, 임광명(林光明)선생님의 밀교대사전(密敎大辭典)과 범한대사전(梵漢大辭典)에서 큰 도움을 받았습니다.

제 4장 梵本心經.

梵本心經

般若心經梵本再鐫流傳序.

余曾請求梵本心經未覓得而
歷三霜享保年中爲同學獲鋟
梓梵章適悅不舍尊重超于漢
本奈何者有什公言譯梵爲秦
如嚼食與人非徒失味令人嘔
噦矣故知奉持梵章者直嘗於
耳露全味諳誦於無窮總持素
志由於此焉然及熟讀之有月
粗知有寫訛脫文於于旃郤爲
楚山泣思之惟之傳寫者不識
復當導衆盲然大品曰阿難汝
若受持一切法除般若波羅蜜
若忘也失其過小少無有大罪
阿難汝受持深般若波羅蜜若
忘失一句其過甚大汝若受持
深般若波羅蜜後還亡失其罪
甚多矣聖誡目擊過罪可句敎
喟然傷此哀於古嘆於今切瑳
有年遂乃琢磨瑕瑾明朗字輪
是大神瑜是大明瑜是無上瑜
是無等等瑜實釋門公器也應
倣文飾蜫勒豈蔡與邕秘衡耶
爾後孤然歎曰自不有訛章安

得成正章嗚呼不識傳寫尙有
樹之石之益也稽首和南舊章
叉手結於僧涅新舊梵章傳未
來際見聞受持咸沾妙道令往
者轉愆過爲冥福敎來者生功
德被利益蓋斯非狂願聖勸皎
然故六品曰阿難般若波羅蜜
是三世諸佛妙法以是故阿難
我爲汝了了說若有人受持滐
般若波羅蜜讀誦親近是人則
能持三世諸佛阿耨多羅三藐
三菩提矣釋論曰般若波羅蜜
者十方諸佛所說語言名字書
寫經卷宜傳顯示實相知慧何
以故般若波羅蜜無書卷語言
相而因語言經卷能得此般若
波羅蜜是故以名字經卷名爲
般若波羅蜜此中略說佛智若
能聞受持般若當得種種功德
矣又大品曰若善男子善女人
誦般若波羅蜜故入軍陣中終
不失命刀箭不傷矣亦曰聞是
滐般若波羅蜜受持親近讀誦
不離薩婆若心若以毒藥薰若
以蠱道若以火坑若以滐水若
欲刀殺若與毒如是衆惡皆不
能傷何以故是般若波羅蜜是
大明咒是無上咒矣亦曰四百
四病所不能中終不病眼耳鼻
舌身亦終不病身無形殘亦無

衰耄終不橫死矣亦曰若般若
波羅蜜若有但書寫經卷於舍
供養不受不誦不讀不說不正
憶念是處若人若非人不能得
其便矣誠勸兩說遺囑慇懃豈
可不信耶敎服玩遵式永崇不
朽授剞劂氏以廣流通云爾
維時延享改元甲子仲冬望日
武列崎玉郡上中條邑常光院
住持室羅摩那邦敎書寫於梵
華兩章畢序.

凡例

一 舊本脫語四句脫譯四處脫字廿餘剩字十餘寫誤八十餘也今改訛補脫四十餘也.

一 舊本以國字爲對註今校例訂音用漢字爲對譯也.

一 此梵章中或有依蘇漫多聲或有約底彥多聲或有依字義是咸校察餘引古例知也.

一 宋高僧傳評翻譯四例此之記有其二例謂竪對右之傍者翻者不翻音例卽對譯也又橫間容句下者音字俱翻例卽翻譯也.

一 唐奘三藏論五種佛翻此之經有其四謂生善多含順古秘密也密咒今復不翻餘三今强附譯蓋擧先賢說也焉

以上

般若波羅蜜多心經梵本

室羅摩那 邦敎 校訂

旧本 namasarba 一切 jñaya 智

✿ 舊本脫句首字章尾字又rba寫訛nama下脫譯語.

校訂 nama 那麼 **歸命** sarva 薩囉嚩(二合) **一切**

jñaya 惹(二合) **智**

✿ 西域風俗凡有所說必先歸命本師故內外典俱有此式.

☼ **歸命一切智**

✿ 此經七譯省略此句從簡故或有他經漢本存歸命句也.

❄ =

❄ namas [經] 歸依, 歸命, 禮, 敬禮, 歸禮, namo ′stu buddhāya 歸依佛, 禮佛, namo ′stu te 我歸命 [譯] 南無, 那謨, 南謨, 那莫-梵漢大辭典 764페이지.

❄ sarva [經] 一切, 諸, 總-梵漢大辭典 1138페이지.

❄ jña [經] 了, 知, 能知, 能識-梵漢大辭典 535페이지.

❄ jñāna [經] 智, 慧, 智慧, 正智, 勝智-梵漢大辭典 537페이지.

❄ pañca jñānāni 五智-梵漢大辭典 537페이지.

① dharma-dhātu-viśuddhi-jñānaṃ 淸淨法界智,

② ādarśajñānaṃ 大圓鏡智,

③ samatājñān.aṃ 平等性智,

④ kṛtyānuṣṭhānajñānaṃ 成所作智,

⑤ pratyavekṣaṇājñānaṃ 妙觀察智.

❄ daśa jñānāni 十智-梵漢大辭典 537페이지.

① dharmajñānaṃ 知法, 法智,

② paracittajñānaṃ 知彼心, 他心智,

③ anvayajñānaṃ 知類察, 類智,

④ saṃvṛtijñānaṃ 智俗諦, 世俗智,

⑤ duḥkhajñānaṃ 知苦, 苦智,

⑥ samudayajñānaṃ 知集, 集智,

⑦ nirodhajñānaṃ 知阻, 滅智,

⑧ mārgajñānaṃ 知道, 道智,

⑨ kṣayajñānaṃ 知盡, 盡智,

⑩ anutpādajñānaṃ 知死, 無生智-梵漢大辭典 535페이지.

旧本 arya 垩子 barokita 觀世音 śvarā 自在 bodhi 菩提 sadba 薩埵

✿ arya 二字共寫脫又 ro 字 dba字寫誤又附不精今訂之.

校訂 āryā 阿(引)哩耶(二合引) 聖者 valokite 波婁枳帝 觀世 svara 舍婆(二合)囉 音自在 bodhi 菩提 覺 satva 薩埵(二合) 有情.

✿ bodhisatva 句七譯俱翻字不翻音舊本從彼然什公好簡略提埵二字新譯順古又舊譯强翻道衆生今從新譯也.

☼ 聖者觀世音自在覺有情.

❄ ārya [經文] 聖, 聖人, 聖子, 聖賢, [譯音] 阿哩耶, 阿利耶, 阿梨耶 -梵漢大辭典 535페이지.

❄ avalokiteśvara [經文] 觀音, 觀世音, 觀自在, 觀世音自在-梵漢大辭典 210페이지.

❄ bodhi [經文] 覺, 道, 菩提樹, [譯音] 菩提-梵漢大辭典 288 페이지.

❄ sattva [經文] 有情, 精道, [譯音] 薩埵-梵漢大辭典 1156 페이지.

❄ bodhi-sattva [譯音] 菩薩, 菩提薩埵-梵漢大辭典 290페이지.

❄ 佛敎辭典 (飜譯名義大集) 荻原雲來 著-27 bodhisattva-vaśitāḥ 菩薩十自在, 菩薩自在.

① āyurvaśitā 命自在.

② cittavaśitā 心自在,

③ pariṣkāravaśitā 財自在,

④ karmavaśitā 業自在,

⑤ uppattivaśitā 生自在,

⑥ adhimuktivaśitā 解脫自在, 勝解自在,

⑦ dharmavaśitā 法自在,

⑧ praṇidhānavaśitā 願自在,

⑨ ṛddhivaśitā 如意力自在, 神通自在,

⑩ jñānavaśitā 智自在.

旧本 khaṃviraya 深行 prajña 智惠 paramitaya 到彼岸 caryaṃ 修行 cara 修智

maṇa 時 cyavpharokaya 五蘊 tisma 蓋已

✿ khaṃvijñaṇacyavpharo 七字寫悞又翻譯咸闇推訛謬太

校訂 gaṃmbhīraya 儼毘(二合)囉耶 甚深 prajña 般(二合)若(二合) 智惠 para 波囉 彼岸 mita 密多 到 yaṃ 衍 乘 caryaṃ 者哩衍(二合) 修行 cāra 者(引)囉 制度 manuṣya 摩拏賒(二合) 意者 vyavalokaya 尾也(二合)婆路迦耶 觀照 tisma 底三摩(二合) 已時

✿ 舊本悞 ṣya 又脫 vya 或本脫 ṣya 在 vya 又 manu vya 翻照今校訂.

☼ 甚深智慧彼岸到乘修行制度意者觀照已時

❄ gambhīra 經文 深, 幽, 濬-梵漢大辭典 444페이지.

❄ pra-jña 經文 智, 慧, 智慧, 譯語 般若-梵漢大辭典 912페이지.

❄ pra-jñā 經文 慧, 智慧, 譯語 般若-梵漢大辭典 912페이지.

trividhā prajñā 三慧.

① śrutamayī prajñā 聞生慧, (聞所成慧),

② cintāmayī prajñā 思生慧, (思所成慧),

③ bhāvanāmayī prajñā 修生慧, (修所成慧).

❄ prājñā 經文 聰, 明, 哲, 智者, 譯語 般若-梵漢大辭典 912페이지.

❄ pāramitā 經文 彼岸, 到彼岸, 譯語 波羅蜜-梵漢大辭典 845페이지.

❋ 𑖟𑖫 𑖢𑖯𑖨𑖦𑖰𑖝𑖯𑖾 daśa pāramitāḥ 十到彼岸, 十波羅蜜-佛教辭典 (飜譯名義大集) 荻原雲來 著-35.

① 𑖟𑖯𑖡𑖢𑖯𑖨𑖦𑖰𑖝𑖯 dānapāramitā 施波羅蜜, (施波羅蜜多),

② 𑖫𑖱𑖩𑖢𑖯𑖨𑖦𑖰𑖝𑖯 śīlapāramitā 戒波羅蜜, (戒波羅蜜多),

③ 𑖎𑖿𑖬𑖯𑖡𑖿𑖝𑖰𑖢𑖯𑖨𑖦𑖰𑖝𑖯 kṣāntipāramitā 忍波羅蜜, (忍波羅蜜多),

④ 𑖪𑖱𑖨𑖿𑖧𑖢𑖯𑖨𑖦𑖰𑖝𑖯 vīryapāramitā 精進波羅蜜, (精進波羅蜜多),

⑤ 𑖠𑖿𑖧𑖯𑖡𑖢𑖯𑖨𑖦𑖰𑖝𑖯 dhyānapāramitā 禪波羅蜜, (禪波羅蜜多),

⑥ 𑖢𑖿𑖨𑖕𑖿𑖗𑖯𑖢𑖯𑖨𑖦𑖰𑖝𑖯 prajñāpāramitā 慧波羅蜜, (慧波羅蜜多),

⑦ 𑖄𑖢𑖯𑖧𑖢𑖯𑖨𑖦𑖰𑖝𑖯 upāyapāramitā 方便波羅蜜, (方便波羅蜜多),

⑧ 𑖢𑖿𑖨𑖜𑖰𑖠𑖯𑖡𑖢𑖯𑖨𑖦𑖰𑖝𑖯 praṇidhānapāramitā 誓願波羅蜜, (誓願波羅蜜多),

⑨ 𑖤𑖩𑖢𑖯𑖨𑖦𑖰𑖝𑖯 balapāramitā 力波羅蜜, (力波羅蜜多),

⑩ 𑖕𑖿𑖗𑖯𑖡𑖢𑖯𑖨𑖦𑖰𑖝𑖯 jñānapāramitā 智波羅蜜, (智波羅蜜多).

❋ 𑖓𑖨𑖿𑖧𑖯 caryā 經文 行, 所行, 業, 事-梵漢大辭典 912페이지.

❋ 𑖓𑖯𑖨 cāra 經文 行, 作, 轉-梵漢大辭典 314페이지.

❋ 𑖦𑖡𑖲𑖬𑖿𑖧 manuṣya 經文 人, 人民, 世人, 國人-梵漢大辭典 314페이지.

❋ 𑖪𑖿𑖧𑖪𑖩𑖺𑖎𑖡 vy-avalokana 經文 觀, 觀察, 審觀-梵漢大辭典 1491페이지.

❋ 𑖀𑖪𑖩𑖺𑖎𑖧𑖝𑖰 使役 avalokayati 看, 仰望, 經文 觀, 觀察-梵漢大辭典 661 페이지.

❋ 𑖭𑖿𑖦 sma 原來可能是“從來”“總是”之意, 後來演變成“確實地, 無疑地”之意;在.

旧本 paca 見 skaddha 五蘊 sdhaśasvabhāva 自性 śutya 皆空 paśyatisma 照已

✿ ddha sddha śa tya 四字寫誤又翻譯咸錯間今校訂之.

校訂 paṃca 半者 五 skatdhā 薩建(二合)陀(二合引) 蘊 staśca 薩多(二合)失者(二合) 等 svabhāva 薩嚩婆(引)嚩 自性 śunyāṃ 戍你衍(二合引) 皆空 paśya 波舍(二合) 照見 tisma 底三摩(二合) 已. 度一切苦厄.

☼ 五蘊等自性皆空照見已度一切苦軛

❄ pañca [經文] 五 , 五法-梵漢大辭典 832페이지.

❄ skandha [經文] 莖, 肩, 藏, 蘊, 聚-梵漢大辭典 1181페이지.

❄ pañca skandhāḥ 五蘊-梵漢大辭典 1181페이지.

① śīla skandha 戒蘊,

② samādhi skandha 定蘊,

③ prajñā skandha 慧蘊,

④ vimukti skandha 解脫蘊,

⑤ vimuktijñānadarśana skandha 解脫智見蘊.

❄ sāmya [經文] 同, 等, 平等-梵漢大辭典 1121페이지.

❄ ādika [經文] 等, 最初-梵漢大辭典 38페이지.

❄ 梵語雜名 279번 等 suca 素者.

❄  sva-bhāva 梵 性, 相, 自性, 體性-梵漢大辭典 1250페이지.

❄  śūnya 梵 空, 空無, 空虛-梵漢大辭典 1235페이지.

❄  śūnyatā 梵 空, 無, 空性-梵漢大辭典 1235페이지.

❄  aṣṭādaśaśūnyatāḥ 十八空-梵漢大辭典 1235페이지.

①  adhyātmaśūnyatā 內空,

②  bahirdhāśūnyatā 外空,

③  adhyātmabahirdhāśūnyatā 內外空,

④  śūnyatāśūnyatā 空空,

⑤  mahāśūnyatā 大空,

⑥ 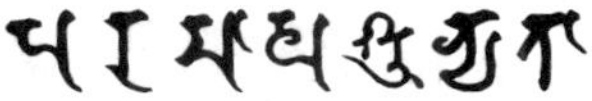 paramārthaśūnyatā 勝義空,

⑦  saṃskṛtaśūnyatā 有爲空,

⑧  asaṃskṛtaśūnyatā 無爲空,

⑨  atyantaśūnyatā 畢竟空,

⑩  anavarāgraśūnyatā 無際空,

⑪  anavakāraśūnyatā 無失空, 散空, (無散空),

⑫  prakṛtiśūnyatā 本性空,

⑬ 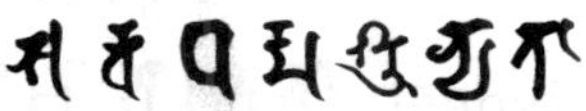 sarvadharmaśūnyatā 諸法空,

⑭ 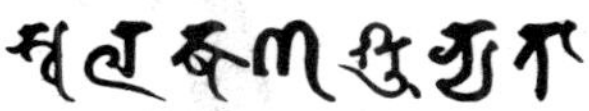 svalakṣaṇaśūnyatā 自相空,

⑮  anupalambhaśūnyatā 不可得空,

⑯ 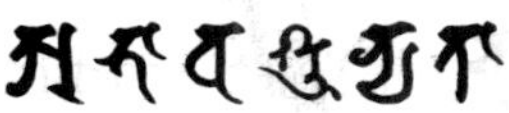 abhāvaśūnyatā 不可得空,

⑰ svabhāvaśūnyatā 自性空,

⑱ abhāvasvabhāvaśūnyatā 無物性空, (無性自性空).

❄ paśyat [現分] 觀看, 注視等; [經文] 見, 正見-梵漢大辭典 876 페이지.

旧本 īha 告 śariputra 舍利子

✿ ī 寫悞苦寫訛舍利 śari 對註子 putra 譯語也今譯 śari

校訂 iha 伊訶 告 śari 舍利 **鶖鷺** putra 弗多囉(二合) 子

☼ **告鶖鷺子**

❄ iha [經文] 此, 今, 此世-梵漢大辭典 503페이지.

❄ śāri [陰] 聲音優美的小鳥, 佛陀第一弟子舍利弗(śāriputra 或 śarisuta) 的母親之名-梵漢大辭典 1136 페이지.

❄ śārī [陰] 鳥的一種 [經文] [譯音] 舍利(舍利弗之母)-梵漢大辭典 1136페이지.

❄ śārika [經文] 春鶯, 黃鸝, 鶖鷺, 鴝鵒, 八哥鳥-梵漢大辭典 1136 페이지.

❄ śāri-putra [經文] [譯音] 舍利弗, 舍利子, 舍利弗多羅, 奢利富多羅, 身子, 秋露子, 鶖子-梵漢大辭典 1136 페이지.

❄ putra [經文] 子, 男子, 兒息-梵漢大辭典 1001페이지.

❄ 佛教辭典 (飜譯名義大集) 荻原雲來 著-188 父母親屬等名目.

① pitā 父,

② mātā 母,

③ janayitrī 母,

④ pitāmahaḥ 祖,

⑤ prapitāmahaḥ 曾祖,

⑥ pitāmahī 祖母,

⑦ prapitāmahī 曾祖母,

⑧ putraḥ 子,

⑨ tanayaḥ 子,

⑩ duhitā 女,

⑪ jyeṣṭhabhrātā 兄,

⑫ kanīyāṃ bhrātā 弟,

⑬ bhrātā 弟兄,

⑭ bhaginī 姊娣,

⑮ naptā 孫,

⑯ naptī 孫女,

⑰ śvaśuraḥ 岳父,

⑱ svasā 岳母,

⑲ mātulaḥ 舅舅,

⑳ bhāryā 妻,

㉑ patnī 妻,

㉒ dāraḥ 妻,

㉓ kalatraṃ 妻,

㉔ mātṛṣvasā 嫂,

㉕ pitṛṣvasā 姑姑,

㉖ sapatnī 妻妾,

㉗ antaḥpuraṃ 后眷屬, 隨緣,

㉘ vadhūḥ 媳婦,

㉙ jaṃpatī 夫妻,

㉚ daṃpatī 夫婦,

㉛ dārakaḥ 童子,

㉜ dārikā 童女,

㉝ yamalakaḥ 雙生,

㉞ jñātiḥ 親,

㉟ svajanaḥ 親戚,

㊱ bandhuḥ 親枝,

㊲ sālohitaḥ 親戚, 厚友, 尊長,

㊳ mitraṃ 厚友,

㊴ sakhā 朋友,

㊵ antarjanaḥ 家人,

㊶ tanayaḥ 子,

㊷ agramahiṣī 賢后(!), 弟一后,

㊸ navavadhūḥ 新婦,

㊹ naraḥ 男子,

㊺ nārī 女人,

㊻ mātṛgrāmaḥ 婦人,

㊼ pumān 丈夫,

㊽ tātaḥ 父, 爺,

㊾ ambā 母, 娘,

㊿ dhātrī 乳母,

51 strī gurviṇī 孕婦,

52 ṛtumatī strī 具月花婦.

旧本 rūpaṃ 色 śutritā 空 śyanyatai 即色 varūpaṃ

✿ tri tai 二字寫悞也又翻譯錯間卽訛.

校訂 rūpaṃ 嚕半 色 śunyatā 舜若(二合)多(引) 空 śunyateva 舜若(二合)帝嚩 是空 rūpaṃ 嚕半 色

✿ 此一節法月智惠輪譯出餘譯省畧.

☼ 色空空是色

❄ rūpa 國 色, 色相, 形, 像, 相-梵漢大辭典 1038페이지.

❄ rūpaprasādaḥ 色亮, 淨色-佛敎辭典（飜譯名義大集）荻原雲來 著-101.22.

❄ varṇarūpaṃ 顯色-佛敎辭典（飜譯名義大集）荻原雲來 著-101.28.

❄ nīlaṃ 靑-佛敎辭典（飜譯名義大集）荻原雲來 著-101.29.

❄ pītaṃ 黃-佛敎辭典（飜譯名義大集）荻原雲來 著-101.30.

❄ lohitaṃ 赤-佛敎辭典（飜譯名義大集）荻原雲來 著
-101.31.

❄ avadātaṃ 白-佛敎辭典（飜譯名義大集）荻原雲來 著
- 101.32.

❄ abhraṃ 雲-佛敎辭典（飜譯名義大集）荻原雲來 著-101.33.

❄ dhūmaḥ 烟-佛敎辭典（飜譯名義大集）荻原雲來 著-101.34.

❄ rajaḥ 塵-佛敎辭典（飜譯名義大集）荻原雲來 著-101.35.

❄ mahikā 霧-佛敎辭典（飜譯名義大集）荻原雲來 著
-101.36.

❄ chāyā 影-佛敎辭典（飜譯名義大集）荻原雲來 著-101.37.

❄ ātapaḥ 光-佛敎辭典（飜譯名義大集）荻原雲來 著
-101.38.

❄ eva [經文] 是, 卽, 而-梵漢大辭典 436페이지.

❄ 佛敎辭典（飜譯名義大集）荻原雲來 著-225 俗語音類, 散語類 .

① karaṇaṃ 時間,

② evaṃrūpaṃ 如彼, 如是色,

③ ata etasmāt kāraṇāt 是故,

④ atra 此處,

⑤ tatra 彼處, 於此中,

⑥ iha 此上,

⑦ asmin 至此,

⑧ tathā 如,

⑨ yathā 如何如何, 如此,

⑩ vā 麼, 然,

⑪ ca 與, 又,

⑫ eva 本,

⑬ yasmāt 爲何, 如此,

⑭ kiṃ tarhi 雖則,

⑮ tat 彼,

⑯ yat 是何, 何物,

⑰ kiṃ 何, 誰,

⑱ nanu 乎, 麼, 耶,

⑲ kiñ ca 如此,

⑳ anyac ca 還有,

㉑ api tu 又, 雖,

㉒ kin tu 雖然,

㉓ tad yathā 如此, 比喩,

㉔ atha 復次,

㉕ ime 這等,

㉖ amī 這些,

㉗ evaṃ 如是, 這等,

㉘ bhūyo 'pi 又, 復次,

㉙ bhūyaḥ 又, 爾,

㉚ tadā 彼時,

㉛ kadā 幾時,

㉜ yadā 何時,

㉝ kathaṃ 如何,

㉞ evaṃ hi 如此時,

㉟ tato ’pi 雖彼,

㊱ tathā hi 如是,

㊲ evam eva 如是,

㊳ sacet 若是,

㊴ yadi 設使,

㊵ peyālaṃ 如是作, 如前所作, (乃至廣說),

㊶ pūrvavat 如上, 如前,

㊷ utāho 或,

㊸ atha vā 復次,

㊹ āhosvit 雖然, 果是,

㊺ nāma 雖已成, 或見,

㊻ bata 嗟嘆,

㊼ aho 奇哉, 希有, 哈哈,

㊽ hā 烏呼,

㊾ dhruvaṃ 是麽,

㊿ avaśyaṃ 必是眞實,

(51) nūnaṃ 眞實無疑,

(52) api 然而或又,

(53) sahasā 同, 俱,

(54) sākaṃ 共, 同,

(55) sārdhaṃ 共, 司, 俱,

(56) hanta 然則,

(57) anyatra 於外, 除,

(58) tathāpi 雖然,

(59) yad idaṃ 如此, 旣此,

(60) atha vā 或者,

(61) atha ca 雖是這等,

(62) kila 根由,

(63) sthāpayitvā 分外, 且佳, 置,

(64) hitvā 丟下, 此外,

(65) kiñ cātaḥ 那每樣, 后成是麽, 復從是,

(66) yeṣāṃkṛtaśaḥ 爲誰們,

(67) tatra tāvat 如此暫且, 此中且,

(68) yāvat 乃至,

(69) api ca 復次, 雖則,

(70) kācit 雖是那個,

(71) yathāpi nāma 比喩, 任他怎麽樣, 所以者何,

(72) kecit 或曰,

(73) ye kecit 任他誰,

(74) yaḥ kaścit 誰人,

(75) kvacana 何處,

(76) kecena 有那等,

(77) ayaṃ 此,

(78) idaṃ 此,

(79) iyaṃ 此,

(80) kasya 誰的,

(81) kenacit 以孰,

(82) kena 以那箇, 爲那箇,

(83) yena 以那箇, 爲那箇,

(84) tayā 以彼,

(85) anena 以此,

(86) anayā 此, 由此, 以此,

(87) kati 多少,

(88) yeṣāṃ 孰們的,

(89) teṣāṃ 他們的,

(90) yasya 孰之, 於誰,

(91) tasya 他們的, 他,

(92) asya 此, 於此,

(93) kasyacit 孰者之,

(94) kvacit 有一時,

(95) kutra 何處,

(96) kutaḥ 從何, 那裡,

(97) kathaṃcit 雖佗.

旧本 nta 色 pṛthahra 不異 gaśunyata 空空 śutyadhāya 空 tapṛṇa 異 śrūpaṃ 色相

✿ tna 前脫 rūpaṃ 二字又 hra ga tya dhā ṇa ta 六字寫悞又 ṇa 下脫 k 又 śrū 字或本作 ta 或本作 trū 今曰 śrū 是作耳

校訂 rūpaṃ 嚕半 色 nta 那(大呼) 不 pṛthak 跛哩他迦(半音) 異 khaśunyata 佉舜若(二合)多 空性 śunyataya 舜若(二合)多耶 空 na 那 不 pṛthak 跛哩他迦(半音) 異 śrūpaṃya 輸嚕半耶 色性

☼ 色不異空性空不異色性

❄ na [經文] 無, 不, 非, 未-梵漢大辭典 754 페이지.

❄ pṛthak [經文] 別, 離, 獨, 異-梵漢大辭典 981 페이지.

❄ kha [經文] 空, 虛空-梵漢大辭典 981 페이지.

旧本 paṃdrū 色相 pasa 卽是 śutyataya 空性 śutyatā 空 va 卽 drūpaṃ 卽色

✿ paṃdrū 倒寫兩 tya 字寫悞又 tā 字寫悞又一卽字剩.

校訂 drūpaṃ 都嚕(二合)半 色相 pasa 跛沙 卽是 śunyataya 舜若(二合)多耶 空 śunyate 空 va 嚩

卽是 drūpaṃ 都嚕(二合)半 色相

☼ 色相卽是空空卽是色相

❄ yad [梵] 若, 如是, 謂-梵漢大辭典 1497 페이지.

❄ eva [梵] 是, 卽, 而-梵漢大辭典 436페이지.

旧本 eva 如是 peva 受 vedana 想 saṃshara 行 vijñatani 識是

✿ va 寫脫 peva 寫悞又 na 下脫 saṃjña 語亦 sha 寫悞又 ta 寫悞又翻譯錯間又別本 ni 下置 ca 字附然譯語

校訂 evaṃ 噎鑁 是 patha 跛他 如 vedana 吠陀那 受 saṃjña 僧惹拏(二合) 想 saṃskara 三薩迦(二合)囉 行 vijñana 毘惹(二合)那 識 nica 你者然

☼ 是如受想行識然

❄ yathā [梵] 如, 若如, 猶-梵漢大辭典 1507 페이지.

❄ tathā [梵] 如, 此如, 如是-梵漢大辭典 1281 페이지.

❄ patha [梵] 道, 境, 界-梵漢大辭典 879 페이지.

❄ vedanā [梵] 受, 苦, 痛-梵漢大辭典 1404 페이지.

❄ vedanātrividhā 三受-梵漢大辭典 1404 페이지.

① sukhāḥ 樂,

② duḥkhāḥ 苦,

③ aduḥkhāsukhāḥ 不苦不樂.

❄ saṃjñā 🈩 想, 思, 名-梵漢大辭典 1096 페이지.

❄ 佛教辭典(飜譯名義大集)荻原雲來 著-52 aśubha-bhāvanāḥ 九想觀, 不淨觀.

① vinīlakasaṃjñā 想相壞, 靑瘀想,

② vipūyakasaṃjñā 想相膿爛, 膿爛想,

③ vipaḍumakasaṃjñā 想相虫啖, 虫啖想,

④ vyādhyātakasaṃjñā 想相靑勃, 膖脹想,

⑤ vilohitakasaṃjñā 想相紅腐, 血塗想, 異赤想,

⑥ vikhāditakasaṃjñā 想相虫食, 壞爛想, 啄噉想,

⑦ vikṣiptakasaṃjñā 想相解散, 敗壞想, 離散想,

⑧ vidagdhakasaṃjñā 想相火燒, 燒想, 焚燒想,

⑨ asthisaṃjñā 想相生骨, 骨想, 骸骨想.

❄ saṃskāra 🈩 行, 諸行, 業行-梵漢大辭典 1110 페이지.

❄ vijñāna 🈩 心, 知, 識-梵漢大辭典 1426 페이지.

❄ navavijñānāni 九識-梵漢大辭典 1426 페이지.

① ālayavijñānaṃ 七藏識, 諸源識, (阿賴耶識, 藏識),

② ādānavijñānaṃ 相續識(!), (阿陀那識, 執持識),

③ kliṣṭamanaḥ 具煩惱識, (染汙意),

④ cakṣurvijñānaṃ 眼識,

⑤ śrotravijñānaṃ 耳識,

⑥ ghrāṇavijñānaṃ 鼻識,

⑦ jihvāvijñānaṃ 舌識,

⑧ kāyavijñānaṃ 身識,

⑨ manovijñānaṃ 意識.

旧本 īha 告 śaripudra 舍利子 sarva dharmma 法 śunyata 空性 rakṣaṇa 想

✿ ī ra dra 三字寫悞又苦寫悞又舍利子如前辨性寫剩也.

校訂 iha 伊訶 告 śari 舍利 鶖鷺 putra 弗多囉(二合) 子 sarva 薩囉嚩(二合) 諸 dharmma 達麽(二合) 法 śunyata 舜若多(二合) 空 rakṣaṇa 攞乞叉(二合)拏 相

☼ 告鶖鷺子諸法空相

❄ dharma 國 法, 正法, 譯 達磨-梵漢大辭典 369 페이지.

❄ 佛教辭典（飜譯名義大集）荻原雲來 著-47 nānā-śrāvaka-nāmāni 各聲聞名號, 聲聞名號.

① ājñātakauṇḍinyaḥ 阿若憍陳如,

② kāśyapaḥ 迦葉波又飮光,

③ śāriputraḥ 舍利弗,

④ maudgalyāyanaḥ 大目犍連, 沒特伽羅子,

⑤ mahākātyāyanaḥ 摩訶迦梅延, 摩訶迦多衍那,

⑥ subhūtiḥ 須菩提,

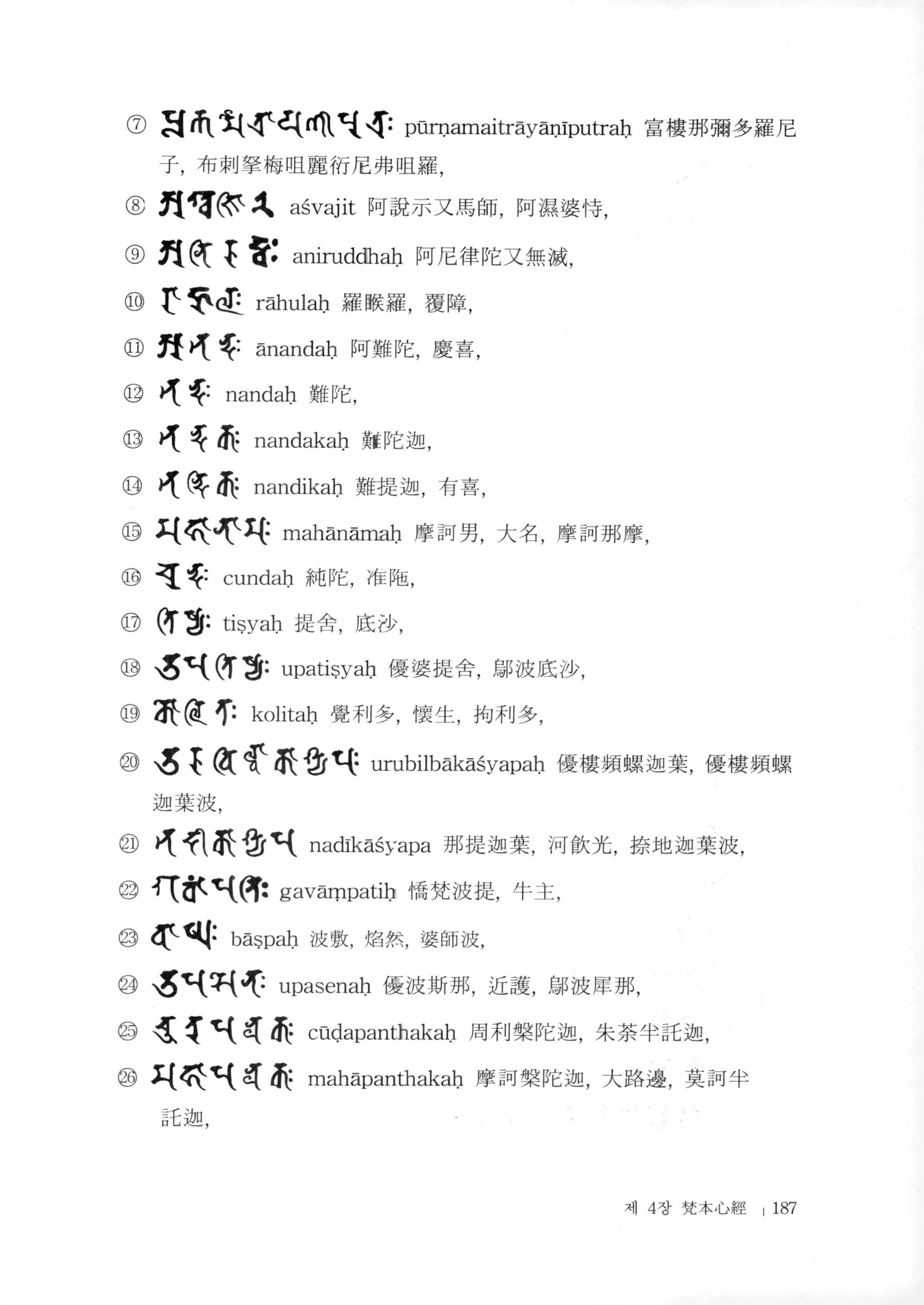

⑦ pūrṇamaitrāyāṇīputraḥ 富樓那彌多羅尼子, 布剌拏梅呾麗衍尼弗呾羅,

⑧ aśvajit 阿說示又馬師, 阿濕婆恃,

⑨ aniruddhaḥ 阿尼律陀又無滅,

⑩ rāhulaḥ 羅睺羅, 覆障,

⑪ ānandaḥ 阿難陀, 慶喜,

⑫ nandaḥ 難陀,

⑬ nandakaḥ 難陀迦,

⑭ nandikaḥ 難提迦, 有喜,

⑮ mahānāmaḥ 摩訶男, 大名, 摩訶那摩,

⑯ cundaḥ 純陀, 准陁,

⑰ tiṣyaḥ 提舍, 底沙,

⑱ upatiṣyaḥ 優婆提舍, 鄔波底沙,

⑲ kolitaḥ 覺利多, 懷生, 拘利多,

⑳ urubilbākāśyapaḥ 優樓頻螺迦葉, 優樓頻螺迦葉波,

㉑ nadīkāśyapa 那提迦葉, 河飲光, 捺地迦葉波,

㉒ gavāṃpatiḥ 憍梵波提, 牛主,

㉓ bāṣpaḥ 波敷, 焰然, 婆師波,

㉔ upasenaḥ 優波斯那, 近護, 鄔波犀那,

㉕ cūḍapanthakaḥ 周利槃陀迦, 朱荼半託迦,

㉖ mahāpanthakaḥ 摩訶槃陀迦, 大路邊, 莫訶半託迦,

㉗ śroṇakoṭīviṃśaḥ 室縷多頻設底俱胝, 聞二百億, 或云, 耳有珠環價直一億, 室縷拏俱胝頻設,

㉘ udayī 優陀夷, 出現,

㉙ sundaranandaḥ 孫陀羅難陀, 善妙,

㉚ śroṇakoṭīkarṇaḥ 卓任結納呃哲呃哩, 室縷拏俱胝羯羅拏,

㉛ subahuḥ 莎波乎, 善手, 蘇波呼,

㉜ udrāyanaḥ 嗢咀囉阿折羅(!) 上行子, 鬱頭羅衍拏,

㉝ lavaṇabhadrikaḥ 借藏, 善契,

㉞ upaliḥ 鄔波離, 近執,

㉟ mahākauṣṭhilaḥ 摩訶拘絺羅, 大膝. 摩訶俱瑟耻羅,

㊱ gayākāśyapaḥ 伽耶迦葉, 象頭山飲光; 伽耶迦葉波,

㊲ vakkulaḥ 薄拘羅, 善用,

㊳ khadiravanikaḥ 竭陀林士,

㊴ svāgataḥ 莎伽陀, 善來,

㊵ mahāprajāpatī gautamī 摩訶波闍波提憍曇彌, 衆主, 摩訶鉢剌闍鉢底喬荅彌,

㊶ māyādevī 摩訶摩耶, 大幻, 妙后, 摩耶提毘,

㊷ yaśodharā 耶輸陀羅, 華色, 名聞,

㊸ gopā 瞿夷, 明女, 瞿波,

㊹ utpalavarṇā 優波羅色, 嗢鉢鑼伐拏,

㊺ dharmadinnaḥ 法所施, 達磨陳那.

❄ daśa dharma-caryaḥ 十法行-梵漢大辭典 370 페이지.

① lekhanā 書寫,

② pūjanā 供養,

③ dānaṃ 施他,

④ śravaṇaṃ 聽聞,

⑤ vācanaṃ 披讀,

⑥ udgrahaṇaṃ 受持,

⑦ prakāśanā 開演,

⑧ svādhyāyanaṃ 諷誦,

⑨ cintanā 思惟,

⑩ bhāvanā 修習.

❄ lakṣaṇa 國 相, 色相-梵漢大辭典 649 페이지.

旧本 a 不 ḍadmanva 生 aniruddha 不滅

✿ ḍadmanva 三字寫悞.

校訂 anutpandha 阿耨波(二合)陀(二合) 不生 a 阿 不

nirūdhā 你樓馱(引) 滅

☼ 不生不滅

❄ an-utpanna 國 不生, 無生-梵漢大辭典 649 페이지.

❄ a-niruddha 國 不滅, 無滅-梵漢大辭典 99 페이지.

旧本 amalā 不垢 vimalāto 不淨

✿ to 恐寫悞今作 na.

校訂 a 阿 不 mala 麽攞 垢 vimalana 尾麽攞 那 不淨

☼ 不垢不淨

❄ a [經文] 不, 非, 未, 無-梵漢大辭典 1 페이지.

❄ mala [中] 汚物, 不潔(肉體上或 道德上的): (身體的)分泌物: [經文] 垢, 不淨-梵漢大辭典 99 페이지.

❄ a-mala [經文] 無垢, 不垢, 淨-梵漢大辭典 99 페이지.

❄ vi-mala [經文] 淨, 無垢, 淸淨-梵漢大辭典 1433 페이지.

旧本 naparipuhu 不增 nasmachara 不滅

✿ 舊本脫不增梵語闍推附譯故妄漏曳後句爲不滅梵語今加不增梵語 nasmachara 爲後句此中 hu na 二字寫悞也

校訂 a 阿 不 badhātā 伐彈(引)那(引) 增 na 那 不 paripurṇā 滅

☼ 不增不滅

❄ pari-pūrṇa [經文] 增, 滿, 圓-梵漢大辭典 862 페이지.

旧本 putra 是故 śunyatāya 空中

✿ ya 寫脫是故闍推也.

校訂 tasma 多娑麽(二合) 是故 chari 舍利 身 putra 弗多囉(二合) 子 śunyatāyaṃ 舜若(二合)多(引)衍

空中

✿ 舊本誤 ta 作 na sma cha ra 連續譯不感 putra 翻是故今訂訛又前作 śari 彼母元從鳥名立名故翻鶖鷺今作 chari 別義也非關母名彼由從父母立名之義 cha 影像義故翻身舊譯曰身子多義 chari 語歟又 śari 有骨身義或依之歟

☼ 是故身子空中

旧本 narūpaṃ 无色 navedana 無受 nasaṃjña 无想 nasaṃshara 无行 navijñavi 无識

✿ sha 終 vi 寫誤也.

校訂 narūpaṃ 那嚕半 無色 navedana 那吠陀那 無受 nasaṃjña 那僧耶拏(二合) 無想 nasaṃskarā 那三薩迦(二合)囉(引) 無行 navijñanaṃ 那毘惹(二合)南 無識

✿ 無色無受無想無行無識

旧本 nacakṣa 無眼 śrūtra 耳 ghraṇa 鼻 jihva 舌 kaya 身 manadsi 意

✿ dsi 別本作 jsi 又或本作 yaḥ

校訂 na 那 無 cakṣa 斫乞芻(二合) 眼 śrūtra 戍嚕(二合)多囉(二合) 耳 ghraṇa 伽囉拏(二合) 鼻 jihva 爾訶嚩(二合) 舌 kaya 迦耶 身 manajsi 摩那悉(二合) 意

☼ 無眼耳鼻舌身意

❄ cakṣus 經 視, 眼, 目-梵漢大辭典 307 페이지.

❄ pañcacakṣus 五眼-梵漢大辭典 307 페이지.

① māṃsacakṣus 肉眼,

② divyaṃcakṣus 天眼,

③ prajñācakṣus 慧眼,

④ dharmacakṣus 法眼,

⑤ vācanaṃbuddhacakṣus 佛眼.

❄ śruti 雅 耳, 經 聞, 敎-梵漢大辭典 1205 페이지.

❄ ghrāṇa 經 鼻-梵漢大辭典 459 페이지.

❄ jihva 經 舌-梵漢大辭典 459 페이지.

❄ kāya 經 身, 體-梵漢大辭典 586 페이지.

❄ trayaḥkāyaḥ 三身-梵漢大辭典 586 페이지.

① darmakāyaḥ 法身,

② aṃbhogakāyaḥ 受用身,

③ nirmāṇakāyaḥ 化神.

❄ manas 經 意, 意識, 意念-梵漢大辭典 586 페이지.

❄ 佛敎辭典 (飜譯名義大集) 荻原雲來 著-189

śarīraṅga-pratyangāni 身支等名目, 身支節.

① kāyaḥ,

② śarīraṃ,

③ gātraṃ, ①-④此俱是身名,

④  kaḍevaraṃ, 若相連則翻體翻軀等語.

⑤  śiraḥ 頭,

⑥  mastakaḥ 腦髓,

⑦  mastakaluṅgaṃ 腦子皮,

⑧  mūrdhā 頂,

⑨  keśaḥ 髮,

⑩  śiroruhaḥ 髮,

⑪ 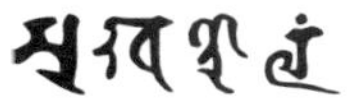 mukhaṇḍalaṃ 園面(!), 面輪,

⑫  vaktraṃ 面, 口,

⑬  lalāṭaṃ 額,

⑭  bhrūḥ 眉,

⑮  pakṣma 睫毛,

⑯  tārakaḥ 瞳人,

⑰  mukhaṃ 口角(?) 口,

⑱  sṛkva 下嗑子, 口角,

⑲  cibukaṃ 項,

⑳ 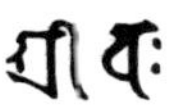 grīvaḥ 項,

㉑ 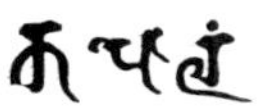 kapolaṃ 腮, 頬,

㉒ 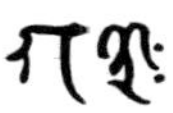 gaṇḍaḥ 顴,

㉓  hanuḥ 腮, 頬,

㉔  śaṅkhaḥ 內腮,

㉕ 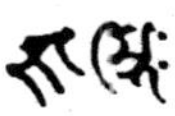 jambhiḥ 上腮,

㉖ dantaḥ 齒,

㉗ tāluḥ 巧舌(!) 上顎,

㉘ oṣṭhaḥ 唇,

㉙ daṃṣṭrā 牙,

㉚ śmaśru 鬚,

㉛ kaṇṭhaḥ 項,

㉜ kaṇṭhanālikā 咽,

㉝ kaṇṭhamaṇiḥ 結喉,

㉞ hṛdayaṃ 心,

㉟ kṛkāṭikā 腦后,

㊱ hastaḥ 手,

㊲ aṃsaḥ 肩,

㊳ skandhaḥ 胷(!), 肩,

㊴ pṛṣṭhaṃ 背,

㊵ jatruḥ 腦后下肉,

㊶ bāhuśikharaṃ 肩頭,

㊷ kakṣaḥ 腋,

㊸ bāhuḥ 臂,

㊹ kūrparakaṃ 肘,

㊺ maṇibandhaḥ 手腕,

㊻ hastapṛṣṭhaṃ 手背,

㊼ aṅguliḥ 指,

㊽ aṅguṣṭhaṃ 大指,

㊾ tarjanī 食指,

㊿ madhyāṅguliḥ 中指,

51 anāmikā 無名指,

52 kanīnikā 小指,

53 maniṣṭhakā 拳(!),

54 muṣṭhiḥ 拳,

55 khaṭakaḥ 連未揑拳, 不連則棍(!), 與牟瑟底不連則未揑拳, 連則棍,

56 capeṭaḥ 手掌(!), 手掌打,

57 nakhaḥ 指甲,

58 hastatalaṃ 手掌,

59 saṃdhiḥ 骨節,

60 naharuḥ 水,

61 snāyuḥ 筋,

62 sirā 脉,

63 uraḥ 胷,

64 stanaḥ 乳,

65 payodharaḥ 乳,

66 hṛdayapradeśaḥ 心間,

67 udaraṃ 腹,

68 nābhiḥ 臍,

(69) nābhimaṇḍalaṃ 臍間, 臍輪,

(70) vastiḥ 密處, 勢峯,

(71) mātiḥ 腰,

(72) jaghanaṃ 密間, 胯,

(73) śroṇiḥ 胯,

(74) pelaḥ 卵,

(75) trikā 尾骨,

(76) pṛṣṭhavaṃśaḥ 脊骨,

(77) pārśvikaḥ 脇,

(78) pārśvaḥ 脇扇,

(79) kaṭiḥ 小便(!) 腰,

(80) buliḥ 臀,

(81) sphik 臀,

(82) pādaḥ 脚,

(83) uruḥ 大腿,

(84) jānuḥ 膝,

(85) jānumaṇḍalaṃ 膝蓋, 膝輪,

(86) jaṅghā 小腿,

(87) gulphaḥ 脚踝,

(88) pārṣṇī 脚跟,

(89) pādatalaṃ 脚掌,

(90) klomakaḥ 肺,

⑨①  phuphusaḥ 肺,

⑨②  yakṛt 脾,

⑨③  plihaḥ 肝,

⑨④  pittaḥ 膽,

⑨⑤  vṛkkā 腎,

⑨⑥  antraṃ 腸,

⑨⑦  antraguṛaḥ 肛.

⑨⑧  āmāśayaḥ 胃, 生臟,

⑨⑨  pakvāśayaḥ 大腸, 熟臟,

⑩⓪  audarīyakaṃ 脬, 膀胱,

⑩①  māṃsaṃ 肉,

⑩②  kukṣiḥ 胯骨,

⑩③  tvak 皮,

⑩④  asthi 骨,

⑩⑤  rudhiraṃ 血,

⑩⑥  majjā 髓,

⑩⑦  dantamāṃsaṃ 牙齦,

⑩⑧  aṅgaṃ 節, 支,

⑩⑨  pratyaṅgaṃ 枝, 節,

⑪⓪  garbhaḥ 胎,

⑪①  vasā 膏,

⑪②  medaḥ 脂,

(113) pūyaṃ 膿,

(114) śiṅghāṇakaṃ 涎(!), 洟,

(115) kheṭaḥ 唾,

(116) śleṣmā 啖,

(117) dantamalaṃ 齒垢,

(118) nāsāpuṭaḥ 鼻孔,

(119) lasīkā 黃水,

(120) aśruḥ 淚,

(121) cakṣurmalaṃ 眼眵,

(122) camasaḥ 耳睡,

(123) roma 毛,

(124) romakūpaḥ 毛孔,

(125) karṇamalaṃ 異塞,

(126) udgāraḥ 呃, 噯氣,

(127) svedaḥ 汗,

(128) maṃsakīlaḥ 猴痣,

(129) cikkā kṣut 涕噴,

(130) hikkā 饑塞呃, 吃逆,

(131) vijṛmbhā 呵, 嚬伸,

(132) malaṃ 垢,

(133) tilakaḥ 痣,

(134) mūtraṃ 小便,

⑬⑤ gūthaṃ 大便,

⑬⑥ viṭ 大便.

旧本 narūpaṃ 無色 gandharasasapṛ 味 pṛbya 觸 dharma 法

✿ 舊本 rūpaṃ 次脫 śabda 二字又後 sa 寫脫初 pṛ 剩後 pṛ 寫誤又 pṛ 前脫 rśa 字又味字應在 rasa 下又脫聲香二字.

校訂 na 那 無 rūpaṃ 嚕半 色 śabda 攝娜 聲 gandha 彥馱(二合) 香 rasa 囉娑 味 sparśaṣṭabya 娑鉢(二合)羅捨(二合)瑟吒(二合)尾也(二合) 觸 dharma 達麽 法

☼ 無色聲香味觸法

❄ śabda 🈷 聲, 音, 音聲, 言-梵漢大辭典 1042 페이지.

❄ gandha 🈷 香, 氣-梵漢大辭典 446 페이지.

❄ caturgandhaḥ 四香-梵漢大辭典 446 페이지.

① sugandhaḥ 好香,

② durgandhaḥ 惡香,

③ samagandhaḥ 等香,

④ viṣamagandhaḥ 不等香,

❄ rasa 🈷 味, 汁-梵漢大辭典 1017 페이지.

❄ ṣaḍ-vidhaḥ 六味-梵漢大辭典 1017 페이지.

① madhuraḥ 甘,

② āmalaḥ 酸,

③ lavaṇaḥ 鹹,

④ kaṭukaḥ 辛,

⑤ tiktaḥ 苦,

⑥ kaṣāyaḥ 澁.

❄ sparṣṭavya 經 觸-梵漢大辭典 1190 페이지.

❄ sparśa 經 觸-梵漢大辭典 1190 페이지.

旧本 nacakṣa 无眼 dhatu 界 ya 乃 bata 至 maro 意 dhato 界

✿ ro to 二字寫誤又舊本恐 maro 次脫 vijñana 識 梵漢 ta 訛.

校訂 na 那 無 cakṣa 斫乞芻(二合) 眼 dhatu 駄都 界 yavana 野婆那 乃至 na 那 無 mana 摩那 意 vijñana 毘惹(二合)那 識 dhatu 駄都 界

☼ 無眼界乃至無意識界

❄ dhātu 經 界-梵漢大辭典 1190 페이지.

❄ 佛教辭典 (飜譯名義大集) 荻原雲來 著-107 aṣṭādaśa dhātavaḥ 十八界.

① cakṣurdhātuḥ 眼界,

② rūpadhātuḥ 色界,

③ cakṣurvijñānadhātuḥ 眼識界,

④ śrotradhātuḥ 耳界,

⑤ śabdadhātuḥ 聲界,

⑥ śrotravijñānadhātuḥ 耳識界,

⑦ ghrāṇadhātuḥ 鼻界,

⑧ gandhadhātuḥ 香界,

⑨ ghrāṇavijñānadhātuḥ 鼻識界,

⑩ jihvādhātuḥ 舌界,

⑪ rasadhātuḥ 味界,

⑫ jihvāvijñānadhātuḥ 舌識界,

⑬ kāyadhātuḥ 身界,

⑭ spraṣṭvyadhātuḥ 觸界, 所觸界,

⑮ kāyavijñānadhātuḥ 身識界,

⑯ manodhātuḥ 意界,

⑰ darmadhātuḥ 法界,

⑱ manovijñānadhātuḥ 意識界.

旧本 na 無 vidya 明 vidyana 无 vidya 明 kṣayo 盡 yavatna 乃至 jara 老 maraṇa 死 na 無 jara 老 mara 无 ṇakṣaṇa 盡

✿ 次中剩一 vidya 又 字剩又 tna 寫悞又二 ṇa 字寫脫終 ṇa 應作 yo 又兩 vidya 前脫兩 ā 下兩無字並脫

校訂 na 那 無 ā 阿(引) 無 vidya 尾你也(二合) 明 na

那 無 ā 阿(引) 無 vidya 尾你也(二合) 明 kṣayo 乞叉喩(二合) 盡 yavana 耶嚩那 乃至 na 那 無 jara 祉囉 老 maraṇaṃ 摩囉喃 死 na 那 無 jara 祉囉 老 maraṇaṃ 摩囉喃 死 kṣayo 乞叉喩(二合) 盡

☼ 無無明無無明盡乃至無老死無老死盡 (原文 乃至 無)

❄ a-vidyā [經文] 無明, 不明-梵漢大辭典 219 페이지.

❄ kṣaya [經文] 盡, 滅, 斷, 失-梵漢大辭典 624 페이지.

❄ yāvad-aupamya [經文] 乃至譬喩-梵漢大辭典 1515 페이지.

❄ jarā [經文] 老, 衰老-梵漢大辭典 525 페이지.

❄ maraṇa [經文] 死, 滅, 終-梵漢大辭典 624 페이지.

❄ 佛教辭典 (飜譯名義大集) 荻原雲來 著-112 punar aṣṭau duḥkhatāḥ 八苦惱 (亦八苦性).

① jātir duḥkhaṃ 生苦,

② jarāduḥkhaṃ 老苦,

③ vyādhiduḥkhaṃ 病苦,

④ maraṇaduḥkhaṃ 病苦,

⑤ priyaviprayoge duḥkhaṃ 愛別離苦,

⑥ apriyasaṃprayoge duḥkhaṃ 怨憎會苦,

⑦ yad apīcchayā paryeṣamāṇo na labhate tad api

duḥkhaṃ 求不得苦, 雖復希求而不得苦,

⑧ saṃkṣepeṇa pañcopādānaskandhaduḥkhaṃ 五陰盛苦, 略說五取蘊苦.

❈ 佛敎辭典 (飜譯名義大集) 荻原雲來 著-192 老病等名目.

① kubjaḥ 跎背,

② jīrṇatā 瘦腔,

③ valīpracuratā 皺紋多,

④ pālityaṃ 白頭,

⑤ daṇḍāvaṣṭambhanatā 杖者, 任杖,

⑥ khālityaṃ 頂脫髮, 禿,

⑦ kāsaḥ 咳嗽,

⑧ kharukharāvasaktakaṇṭhaḥ 氣喘噎,

⑨ prāgbhāreṇa kāyena daṇḍamavaṣṭabdhaḥ 體衰扶杖, 體屈任杖,

⑩ dhamanīsaṃtatagātraḥ 現露脈結,

⑪ jīrṇaḥ 老, 舊, 瘦,

⑫ vṛddhaḥ 老者,

⑬ mahallakaḥ 病侵,

⑭ gatayauvanaḥ 己過壯時,

⑮ valīnicitakāyaḥ 身體皮皺,

⑯ vibhugnaḥ 已變,

⑰ āturaḥ 病人, 痛.

旧本 na 無 draga 苦 sepudayaninarodha 滅 marga 道

✿ dra ga pu 三字寫悞又 ni 下 na 剩又脱集字今訂訛加脱.

校訂 na 那 無 duḥkha 耨佉 苦 saṃmudeya 三牟提耶 集 nirodha 尼樓陀 滅 marga 摩剌誐 道

☼ 無苦集滅

❄ duḥ-kha [梵] 苦, 惱, 患-梵漢大辭典 405 페이지.

❄ sam-udaya [梵] 集, 合, 生-梵漢大辭典 1116 페이지.

❄ ni-rodha [梵] 滅-梵漢大辭典 798 페이지.

❄ mārga [梵] 道, 正道-梵漢大辭典 713 페이지.

❄ āryâṣṭâṅgamārgaḥ 八支聖道-梵漢大辭典 1036 페이지.

① samyag-dṛṣṭiḥ 正見,

② samyak-saṃkalpaḥ 正思惟,

③ samyag-vāk 正語,

④ samyak-karmāntaḥ 正業,

⑤ samyag-ājīvaḥ 正命,

⑥ samyag-vyāyāmaḥ 正精進,

⑦ samyak-smṛtiḥ 正念,

⑧ samyak-samādhiḥ 正定.

旧本 na 无 jñanaṃ 智 naprapida 无得 naprapitakdhaṃ 所耶得故

✿ 寫悞 kdhaṃ 或本作 daṃ 別本作 tvaṃ 又別本 vaṃ 下有 na 字.

校訂 na 那 無 jñanaṃ 惹(二合)南 智 na 那 無 prapita 鉢囉(二合)必多 得 na 那 無 prapita 鉢囉(二合)必多 得 tvaṃna 怛梵(二合)那 故

☼ **無智無得無得故**

❄ prāpti [經文] 得, 至-梵漢大辭典 928 페이지.

❄ purāṇa [經文] 故, 古, 舊-梵漢大辭典 989 페이지.

❄ tvam [經文] 汝, 傓-梵漢大辭典 1309 페이지.

旧本 bodhi 菩提 sadva 薩埵 syaprajña 智惠 paramita 到彼岸 maśratya 故得 vaha 菩提 ra 故 tya

✿ 菩提故三字暗推也 śra 別本作 śṛ 義同 va 寫脫又 tya 兩處共寫悞後 tya 別本 ni

校訂 bodhi 菩提 **覺** satva 薩埵(二合) **有情** sya 者 **是** prajña 般(二合)若(二合) **智惠** para 波囉 **彼岸** mita 蜜多 **到** maśṛnya 摩始哩你也(二合) **依** viharani 尾訶囉 **住**

☼ **覺有情是知慧到彼岸住**

❄ 梵語千字文 563번 依 āśraya 阿(引)室羅(二合)也.

❄ 梵語千字文 818번 依 māśṛnyā 摩(引)室哩(二合)儞也(二合).

❄ (No. 2133A 梵語千字文 1194page 807번 依 māśratya).

❄ ā-śraya [梵] 依-梵漢大辭典 178 페이지.

❄ vi-hāra [梵] 住, 行, 寺-梵漢大辭典 1423 페이지.

旧本 citdha 心 varaṇaḥ 無罣㝵 citdhavaraṇa 無罣㝵故 na 无有 sdhiddhadatra 垢怖 ste

✿ 兩 tdha 字寫悞又 sdhiddhatra 二字寫悞又垢字訛又譯語錯間.

校訂 citna 質多(二合) **心無** varaṇaḥ 婆囉搦 **罣礙** citna 質多(二合) **心無** varaṇaḥ 婆囉搦 **罣礙** nasti 那悉底(二合) **無有** tvavaratrasta 怛嚩(二合)陀多囉(二合)娑多(二合) **恐怖**

☼ **心無罣礙心無罣礙無有恐怖**

❄ citta [梵] 心, 意, 思-梵漢大辭典 332 페이지.

❄ āvaraṇa [梵] 障礙, 罣礙-梵漢大辭典 212 페이지.

❄ nâsti [梵] 無有, 無, 非有-梵漢大辭典 771 페이지.

❄ nâstitva [梵] 無, 無相, 無體-梵漢大辭典 771 페이지.

❄ asti [梵] 有-梵漢大辭典 182 페이지.

❄ trasta [梵] 恐, 怖, 恐怖-梵漢大辭典 1295 페이지.

旧本 vipalya 无恐怖故 satikrāttaḥ 涅槃

tiṣṭa 究竟 nirvaṇaḥ 遠離 tryadhdha 夢想

vyasdhita 顚倒

✿ pa lya ti dhdha sdhi 五字寫悞此中附譯咸闇推妄加故 trya 以下五字雖後段句妄曳擬前句而附闇推譯語訛謬太多

校訂 viṣamṭa 毘沙麼吒(二合) **無怖畏故** satikrātaḥ 娑底迦囉(二合引)咀 **園離顚倒夢想** niṣṭa 你瑟吒(二合) 究竟 nirvaṇa 涅般(二合)那 **圓宋**

☼ **無怖畏故園離顚倒夢想究竟圓宋**

❄ viparyāsa 國 倒, 虛妄, 顚倒-梵漢大辭典 1443 페이지.

❄ ati-krānta 國 離, 超, 過-梵漢大辭典 191 페이지.

❄ ni-ṣṭhā 國 成就, 究竟, 終-梵漢大辭典 809 페이지.

❄ nir-vāṇa 國 滅, 寂靜, 寂滅, 譯 涅槃, 泥槃-梵漢大辭典 800 페이지.

❄ 佛敎辭典 (飜譯名義大集) 荻原雲來 著-95 nirvāṇa-paryāyāḥ 四涅槃等名目, 涅槃異名.

① nirvāṇaṃ 本來自性淸淨涅槃(!), 涅槃滅,

② sopadhiśeṣanirvāṇaṃ 有餘依涅槃,

③ nirupadhiśeṣanirvāṇaṃ 無無餘依涅槃,

④ apratiṣṭhitanirvāṇaṃ 無住處涅槃,

⑤ niḥśreyasaḥ 至善,

⑥ apavargaḥ 解脫,

⑦ abhisamayaḥ 理解, 現觀,

⑧ śaikṣaḥ 學, 有學,

⑨ aśaikṣaḥ 無學,

⑩ naivaśaikṣanāśaikṣaḥ 非學非無學,

⑪ samyaktvaniyatarāśiḥ 正性定聚,

⑫ mithyātvaniyatarāśiḥ 邪性定聚,

⑬ aniyatarāśiḥ 不定性聚, 不定聚.

旧本 sarvabuddha 佛 prajña 依智惠 paramita 到彼岸 maśya

✿ śya 寫誤又 śya 次脫 nya 字又 sarva 下脫 譯語依錯間故得訛.

校訂 stryi 悉底哩也 (四合) 三 dhbika 地尾(二合)迦 世 byastita 尾也(二合)悉底(二合)多 所有 sarva 薩囉嚩 諸 buḥddhā 佛陀 覺者 prajña 般(二合)若(二合) 智惠 para 波囉 彼岸 mita 蜜多 到 maśṛnya 摩室哩你也 依

☼ 三世所有諸覺者智惠彼岸到依 (原文 到彼岸依)

❄ tri-y-adhvika 㽵 三世-梵漢大辭典 1301 페이지.

❄ vyavasthita 㽵 有, 住, 定, 立-梵漢大辭典 1492 페이지.

❄ buddha 㽵 覺, 如來, 譯 佛, 佛陀-梵漢大辭典 1301 페이지.

❄ 佛教辭典 (飜譯名義大集) 荻原雲來 著-1.

tathāgatasya paryāya-nāmāni 佛名號類, 如來異名.

① buddhaḥ 覺, 覺者,

② bhagavān 出有, 有德,

③ tathāgataḥ 如來,

④ arhan 應供,

⑤ samyaksaṃbuddhaḥ 正徧智, 正徧覺, 正等覺,

⑥ vidyācaraṇasaṃpannaḥ 明行足,

⑦ sugataḥ 善逝,

⑧ lokavit 世間解,

⑨ anuttaraḥ 無上士,

⑩ puruṣadamyasārathiḥ 調御丈夫,

⑪ śāstā 天人師, 師,

⑫ jinaḥ 大覺, 勝者,

⑬ lokajeṣṭhah 世尊,

⑭ sarvajñaḥ 一切智, 一切知者,

⑮ tāyī 善護, 救度者, 救世者,

⑯ devātidevaḥ 天中天,

⑰ maharṣiḥ 金仙, 大仙,

⑱ darmasvāmī 法王,

⑲ ṛṣabhaḥ 超群, 大牛王, 牛王,

⑳ nāyakaḥ 導師,

㉑ pariṇāyakaḥ 徧導師,

㉒ vināyakaḥ 普導,

㉓ advayavādī 不二語,

㉔ śauddhodaniḥ 淨飯王子,

㉕ daśabalaḥ 十力,

㉖ mārajit 降魔軍, 降魔者,

㉗ śākyapuṃgavaḥ 大釋子, 釋種中最勝者,

㉘ goptā 護持, 能護者,

㉙ mahātmā 最第一,

㉚ vijayī 尊勝, 勝者,

㉛ vibhuḥ 徧主,

㉜ viśvantaraḥ 勝一切者,

㉝ sarvadharmeśvaraḥ 一切法自在,

㉞ viraṭ 微妙, 端嚴,

㉟ dhīraḥ 堅固,

㊱ guṇasāgaraḥ 功德海,

㊲ śaraṇyaḥ 堪歸,

㊳ śaraṇaṃ 救, 歸依處,

㊴ vādisiṃhaḥ 法師子, 無畏說者,

㊵ narottamaḥ 至人, 人中最上,

㊶ mārābhibhuḥ 伏魔,

㊷ apratipudgalaḥ 無對補特伽羅,

㊸ vāntadoṣaḥ 離過,

(44) hataviṣaḥ 除毒,

(45) anangajit 調無形,

(46) ṣaḍabhijñaḥ 六神通, 具六通,

(47) bhavāntakṛt 出三有, 作有邊際,

(48) aghahantā 滅罪,

(49) siddhārthaḥ 悉達, 義城,

(50) śākyasiṃhaḥ 釋師子,

(51) varārhaḥ 堪供,

(52) varadaḥ 施願, 與願,

(53) vīrāḥ 勇猛,

(54) śamitā 息, 寂靜者,

(55) śantapāpaḥ 滅惡者,

(56) śītībhūtaḥ 得清凉,

(57) śīvaṃkaraḥ 吉祥, 作吉祥,

(58) nirdvandvaḥ 無諍,

(59) nirmamaḥ 無我相,

(60) netā 導師,

(61) niravadyaḥ 無不善,

(62) nirbhayaḥ 無畏,

(63) vītatṛṣṇaḥ 離愛,

(64) nirādānaḥ 無取,

(65) viśrutaḥ 名稱,

(66) śubhadharmākaraḥ 善法源, 淨法藏,

(67) dharmākaraḥ 法源, 法藏,

(68) śuciḥ 淸淨,

(69) anupamaḥ 無可喩, 無比,

(70) trikālajñaḥ 知三世,

(71) vādī 大論師, 論師,

(72) tridoṣāpahaḥ 滅三毒,

(73) triprātihāryasaṃpannaḥ 具足三變通, 具足三示導者,

(74) nirmalaḥ 無垢,

(75) triskandhapathadaiśikaḥ 宣說, 三蘊道,

(76) nirjvaraḥ 無病, 離熱惱,

(77) śūryavaṃśaḥ 日種,

(78) aṅgirasaḥ 嚫儗囉娑族, 鴦耆羅娑族,

(79) gautamaḥ 瞿曇, 純淑, 喬答摩, 瞿答摩種,

(80) ikṣvākukulanandanaḥ 甘蔗王, 種喜,

(81) prabhuḥ 殊勝, 主,

旧本 aḍattara 無上 saṃmyasaṃ 正等 bodhi 覺道 mabhi 速 saṃ 成 buddha 竟者

✿ ḍa 寫悞後 saṃ 寫脫 bu 寫脫又附譯錯間又速成闇推也.

校訂 anuttara 阿耨多(大呼)囉 無上 saṃ 三 正

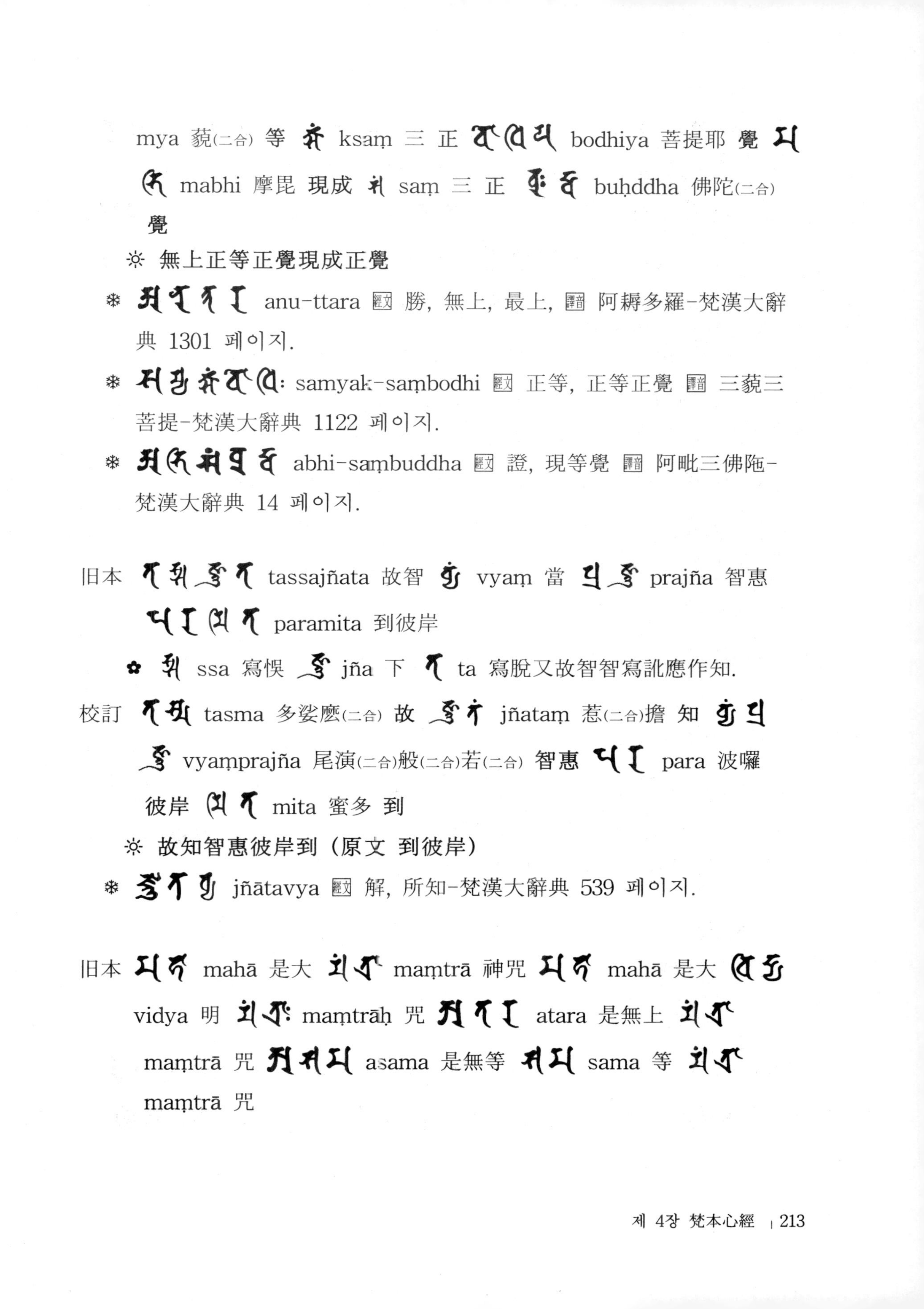

mya 藐(二合) 等 ksaṃ 三 正 bodhiya 菩提耶 覺 mabhi 摩毘 現成 saṃ 三 正 buḥddha 佛陀(二合) 覺

☼ 無上正等正覺現成正覺

❄ anu-ttara [梵] 勝, 無上, 最上, [譯] 阿耨多羅-梵漢大辭典 1301 페이지.

❄ samyak-saṃbodhi [梵] 正等, 正等正覺 [譯] 三藐三菩提-梵漢大辭典 1122 페이지.

❄ abhi-saṃbuddha [梵] 證, 現等覺 [譯] 阿毗三佛陁-梵漢大辭典 14 페이지.

旧本 tassajñata 故智 vyaṃ 當 prajña 智惠 paramita 到彼岸

✿ ssa 寫悞 jña 下 ta 寫脫又故智智寫訛應作知.

校訂 tasma 多娑麼(二合) 故 jñataṃ 惹(二合)擔 知 vyaṃprajña 尾演(二合)般(二合)若(二合) 智惠 para 波囉 彼岸 mita 蜜多 到

☼ 故知智惠彼岸到 (原文 到彼岸)

❄ jñātavya [梵] 解, 所知-梵漢大辭典 539 페이지.

旧本 mahā 是大 maṃtrā 神咒 mahā 是大 vidya 明 maṃtrāḥ 咒 atara 是無上 maṃtrā 咒 asama 是無等 sama 等 maṃtrā 咒

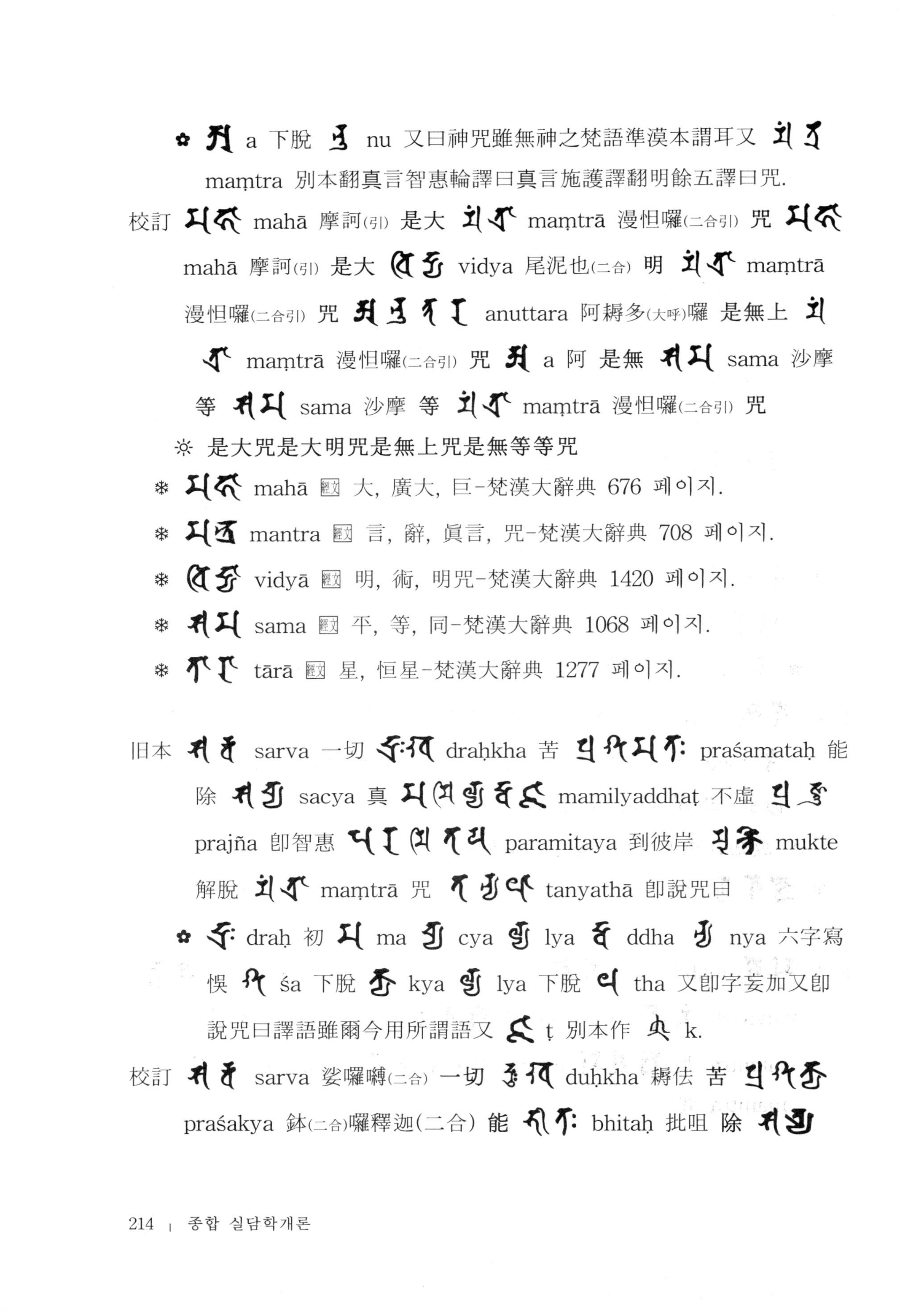

✿ a 下脫 nu 又曰神咒雖無神之梵語準漢本謂耳又 maṃtra 別本翻真言智惠輪譯曰真言施護譯翻明餘五譯曰咒.

校訂 mahā 摩訶(引) 是大 maṃtrā 漫怛囉(二合引) 咒 mahā 摩訶(引) 是大 vidya 尾泥也(二合) 明 maṃtrā 漫怛囉(二合引) 咒 anuttara 阿耨多(大呼)囉 是無上 maṃtrā 漫怛囉(二合引) 咒 a 阿 是無 sama 沙摩 等 sama 沙摩 等 maṃtrā 漫怛囉(二合引) 咒

☼ 是大咒是大明咒是無上咒是無等等咒

❄ mahā [梵] 大, 廣大, 巨-梵漢大辭典 676 페이지.

❄ mantra [梵] 言, 辭, 眞言, 咒-梵漢大辭典 708 페이지.

❄ vidyā [梵] 明, 術, 明咒-梵漢大辭典 1420 페이지.

❄ sama [梵] 平, 等, 同-梵漢大辭典 1068 페이지.

❄ tārā [梵] 星, 恒星-梵漢大辭典 1277 페이지.

旧本 sarva 一切 draḥkha 苦 praśamataḥ 能除 sacya 真 mamilyaddhaṭ 不虛 prajña 卽智惠 paramitaya 到彼岸 mukte 解脫 maṃtrā 咒 tanyathā 卽說咒曰

✿ draḥ 初 ma cya lya ddha nya 六字寫悞 śa 下脫 kya lya 下脫 tha 又卽字妄加又卽說咒曰譯語雖爾今用所謂語又 ṭ 別本作 k.

校訂 sarva 娑囉嚩(二合) 一切 duḥkha 耨佉 苦 praśakya 鉢(二合)囉釋迦(二合) 能 bhitaḥ 批咀 除

satrya 娑怛哩也(三合) 眞實 ma 摩 無 mirṣya 弭哩沙夜(三合) 虛妄 thatvaṭ 佗跋(二合)吒(半音) 眞實 prajña 般(二合)若(二合) 智惠 para 波囉 彼岸 mita 蜜多 到 mukte 木乞底(二合) 解脫 maṃtra 漫怛囉(二合) 咒 tadyathā 怛𪘨(二合)佗(引) 所謂

☼ 一切苦能除眞實無虛妄眞實智惠彼岸到解脫咒所謂

❄ praśamaṇa [經文] 除, 滅, 能滅-梵漢大辭典 931 페이지.

❄ satya [經文] 眞, 實, 眞實, 誠-梵漢大辭典 1158 페이지.

❄ ma [經文] 勿, 莫, 不-梵漢大辭典 668 페이지.

❄ mithyātva [中] 虛妄, 不眞實, [經文] 邪, 邪性-梵漢大辭典 731 페이지.

❄ ukta [經文] 云, 謂, 說, 告-梵漢大辭典 1326 페이지.

❄ tad-yathā [經文] 謂, 如, 如此-梵漢大辭典 1267 페이지.

旧本 gate 度 gate 度 para 彼岸 gate 度 para 彼岸 suṃ 竟 gate 度 budhisvaha

✿ bu寫誤又舊本附譯語揞推也然咒秘密故不可翻存梵語則偏有諸力病愈除罪善生道合爲此義故皆存本音譯人不翻意在此也悪世弘經喜少多惱難以咒護之使道流通也焉蓋賢首强翻空海用秘釋所謂山海涓塵也.

校訂 gategateparagateparasuṃgatebodhisvahā

☼ 揭帝揭帝波囉揭帝波囉僧揭帝菩提娑婆(二合)訶(引)

❄ gata [經文] 去, 到, 至, 行-梵漢大辭典 452 페이지.

❄ gati [經文] 行, 趣, 去, 到, 至-梵漢大辭典 453 페이지.

❄ pāra-gata [經文] 度, 度彼岸, 超, 究竟-梵漢大辭典 452 페이지.

❄ para-saṃgata [形] 與彼會合, 卽與彼作戰-梵漢大辭典 847 페이지.

❄ bodhi [經文] 覺, 道, 菩提樹, [譯音] 菩提-梵漢大辭典 288 페이지.

❄ svāhā [經文] 安定, 侵地界 [譯音] 薩婆訶, 莎嚩賀-梵漢大辭典 1252 페이지.

旧本 prajña 智惠 paramitaya 到彼岸 hṛdaya 肝心 sutraṃ 經 samavdha 境界

✿ vdha 寫誤境界闇推今不用是肝心者肝字雖不的中非無義理何者几心有四種故以揀別四種者梵名素分四一 citaya 此翻緣慮心二 yṛidaya 此翻積聚精要心三 kṛdaya 此翻眞實心四 hṛdaya 此翻肉團心也舊本欲顯第四義故云肝心皆此經七譯俱但翻心不言肝心不云肉團泛爾翻心實翻譯巧妙也所謂漢曰心含向四義故翻局爲通盡立題意也故古來解此經題異解蘭菊爲探象譚各得一未了全體競單法與法譬立題者在此中也

校訂 prajña 般(二合)若(二合) **智惠** para 波囉 **彼岸** mita 蜜多 **到** hṛdaya 紇哩陀耶 **心** sutraṃ 素怛覽 **經** samapta 娑摩跛多(二合) **已竟**

✿ 菩提留支曰外國一切經本題目皆在文後譯者順此方故回在經初矣今曰漢本咸初後俱安題順此依彼歟矣

☼ 智惠彼岸到心經已竟

❄  hṛdaya [經文] 心-梵漢大辭典 497 페이지.

❄  sūtra [經文] 經, 絲 縷-梵漢大辭典 1246 페이지.

❄  samāpta [經文] 竟, 入得, 罷-梵漢大辭典 497 페이지.

絶筆述懷頌 撗眞邦敎諷誦

甚深妙法 歷却難逢 我今書寫 唯願流通
字等語等 總持無窮 聞思修者 卽會眞宗
回此微善 遍滿虛空 所有含識 **普**得是功 **普**=普
偏邪諸見 取著皆融 自他俱入 薩婆若中

般若波羅蜜多心經梵本 校訂已竟

跋

有客語余曰指訛示正未見證
義信根由奚立耶余曰義據文
證輯錄卷外欲募資壽梓名曰
背面錄梵華兼註故也客曰旣
精細於此那留糟粕耶余曰有
三義故也焉一懷荷恩故謂若
無舊文安得新章耶二護前功
故謂往人有樹石之志傳寫雖
昧流通益他何尤不識沒篤信
耶三俟後覈故謂余若訛校後
昆將底罪我耶爲此義故認舊
章矣客唯唯而退便以應對爲
跋云爾.

범어천자문(梵語千字文) 주석(主席)을 집필하는 중에 범본심경(梵本心經)을 얻게되어서 꼭 한번 풀어야겠다고 생각만 하고 있다가 차일피일 미루다가 이제야 소원을 이루었습니다. 자모(字母)와 단어들만 공부하던 실력으로 반야심경을 이해 하는 것이 어려웠고, 다른 학자들의 반야심경(般若心經)을 참고 했으면 더 쉬웠겠지만, 여건상 부족한 점들이 많은 관계로 어려운 작업이었습니다. 반야심경(般若心經)을 해설한 저서들이 많은 관계로 중복되지 않게, 실담자(悉曇字)를 원본에 맞는 글자체로 표현하는데 세심한 노력을 하고, 부족한 어휘들을 보충하여서 실담자(悉曇字)를 익숙하게 하는데, 주안점을 두었습니다.

✿ 제 5장 心經梵本, 尊勝陀羅尼.

① 心經梵本

i 字異形即根本義

* = = jña

na ma ssa rva jña ya

那 麽 薩 嚩 惹 耶

敬禮 一切 智

❄ namas [梵] 歸衣, 歸命, 禮, 敬禮, 歸禮, [譯] 南無, 那謨, 南謨, 那莫-梵漢大辭典 764페이지.

❄ sarva [梵] 一切, 諸, 總-梵漢大辭典 1138페이지.

❄ jña [梵] 了, 知, 能知 能識-梵漢大辭典 535페이지.

ā ryā va lo ki te śva ra bo dhi sa tvo

阿(引) 哩耶(二合引) 嚩 路(引) 枳 帝 始嚩(二合) 羅 菩 提 薩 怛縛(二合)

聖 觀 自在 菩薩

❄ ārya [梵] 聖, 聖人, 聖子, 聖賢, [譯] 阿哩耶, 阿利耶, 阿梨耶 -梵漢大辭典 535페이지.

❄ avalckiteśvara [梵] 觀音, 觀世音, 觀自在, 觀世音自在-梵漢大辭典 210페이지.

❄ bodhi [梵] 覺, 道, 菩提樹, [譯] 菩提-梵漢大辭典 288 페이지.

❄ sattva [梵] 有情, 精道, [譯] 薩埵-梵漢大辭典 1156 페이지.

❄ bodhi-sattva [譯] 菩薩, 菩提薩埵-梵漢大辭典 290페이지.

ga mbhī raṃ pra jña pā ra mi tā yaṃ

鉗 毗(引) 蘭 鉢囉(二合) 惹 波(引) 囉 蜜 多(引) 衍

深 般若 此云慧 彼岸 到

- ❄ gambhīra [經文] 深, 幽, 濬-梵漢大辭典 444페이지.
- ❄ pra-jña [經文] 智, 慧, 智慧, [譯音] 般若-梵漢大辭典 912페이지.
- ❄ pra-jñā [經文] 慧, 智慧, [譯音] 般若-梵漢大辭典 912페이지.
- ❄ prājñā [經文] 聰, 明, 哲, 智者, [譯音] 般若-梵漢大辭典 912페이지.
- ❄ pāramitā [經文] 彼岸, 到彼岸, [譯音] 波羅蜜-梵漢大辭典 845 페이지.

ca ryāṃ ca ra mā no

者 唎鹽(二合引) 者 囉 麽(引) 努

行 行者 照

- ❄ caryā [經文] 行, 所行, 業, 事-梵漢大辭典 912페이지.
- ❄ cāra [經文] 行, 作, 轉-梵漢大辭典 314페이지.
- ❄ manuṣya [經文] 人, 人民, 世人, 國人-梵漢大辭典 710페이지.

vyā va lo ka ya ti sma

弊 嚩 路(引) 迦 也 底 薩麽(二合)

觀

❄ vy-avalokana 梵 觀, 觀察, 審觀-梵漢大辭典 1491 페이지.

❄ 使 avalokayati 看, 仰望, 梵 觀, 觀察-梵漢大辭典 661 페이지.

❄ sma 原來可能是"從來""總是"之意, 後來演變成"確實地, 無疑地"之意;在.

paṃ ca ska ndhā stā śca sva bhā va

半 者 薩建(二合) 陀(引) 薩多(二合引) 失者(二合) 薩嚩(二合) 婆(引) 嚩

五 蘊 等 自性

❄ pañca 梵 五 , 五法-梵漢大辭典 832페이지.

❄ skandha 梵 莖, 肩, 藏, 蘊, 聚-梵漢大辭典 1181페이지.

❄ sāmya 梵 同, 等, 平等-梵漢大辭典 1121페이지.

❄ ādika 梵 等, 最初-梵漢大辭典 38페이지.

❄ 梵語雜名 279번 等 suca 素者.

❄ svabhāva 梵 性, 相, 自性, 體性-梵漢大辭典 1250페이지.

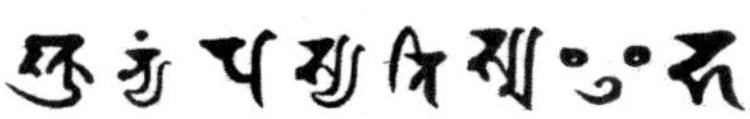 ＊ = = śū

śū nyaṃ pa sya ti sma i ha

輸(引) 瘮(恥刃切) 鉢 扇 底 薩麼(二合) 伊 呵

皆空 告

❄ śūnya 梵 空, 空無, 空虛-梵漢大辭典 1235페이지.

❄ śūnyatā 梵 空, 無, 空性-梵漢大辭典 1235페이지.

※ paśyat [現分] 觀看, 注視等; [經文] 見, 正見-梵漢大辭典 876 페이지.

※ iha [經文] 此, 今, 此世-梵漢大辭典 503페이지.

śā ri pu tra

舍(引) 哩 布 怛囉(二合)

身 子

※ śari [陰] 聲音優美的小鳥, 佛陀第一弟子舍利弗(śāriputra 或 śārisuta) 的母親之名-梵漢大辭典 1136 페이지.

※ śārī [陰] 鳥的一種 [經文] [譯音] 舍利(舍利弗之母)-梵漢大辭典 1136 페이지.

※ śārika [經文] 春鸎, 黃鸝, 鶖鷺, 鴝鵒, 八哥鳥-梵漢大辭典 1136 페이지.

※ śāri-putra [經文] [譯音] 舍利弗, 舍利子, 舍利弗多羅, 奢利富多羅, 身子, 秋露子, 鶖子-梵漢大辭典 1136 페이지.

※ putra [經文] 子, 男子, 兒息-梵漢大辭典 1001페이지.

rū paṃ śū nya tā śū nya tai va rū paṃ

嚕 半 戍(引) 痾 多(引) 戍(引) 痾 帝 嚩 嚕 半

色 空 空 是 (eva 是也) 色

※ rūpa [經文] 色, 色相, 形, 像, 相-梵漢大辭典 1038페이지.

※ eva [經文] 是, 卽, 而-梵漢大辭典 436페이지.

 *=, pṛ = = tha

rū pā nna pṛ tha k śū nya tā

嚕 半 那 鉢哩(二合) 達 戌(引) 痄 多(引)

色 不 異 (此一字未詳恐剩) 空

tha는 패엽경(貝葉經)에 tha가 식별하기 좋고, 패엽경(貝葉經) 원본에서는 글자를 알아보기 힘들지만 글자를 추측해서 복원하면 k 임을 알 수 있다

* na 圖 無, 不, 非, 夫-梵漢大辭典 754 페이지.

* pṛthak 圖 別, 離, 獨, 異-梵漢大辭典 981 페이지.

śū nya tā yā na pṛ tha grū paṃ

戌(引) 痄 多(引) 野(引) 那 鉢哩(二合) 闥 伽嚕(二合) 半

空 不 異 色

ya drū paṃ sā śū nya tā yā

夜 突 半 薩(引) 戌(引) 痄 哆(引) 夜(引)

*앞에는 多(引) 여기서는 哆(引)

色 即是空

śū nya tā ta drū paṃ

戌(引) 痄 多(引) 多 突 半

空 即是色

* tad 圖 謂, 如, 如此-梵漢大辭典 1267 페이지.

e va me va

噎 嚩 末 伐

如是

ve da nā saṃ jña saṃ skā ra vi jña nā ni

薜 捺 那 三(去) 惹 三(去) 塞迦(二合) 羅 尾 惹 那(引) 你

受 想 行 識 然

- ❄  vedanā [經文] 受, 苦, 痛-梵漢大辭典 1404 페이지.
- ❄  saṃjñā [經文] 想, 思, 名-梵漢大辭典 1096 페이지.
- ❄  saṃskāra [經文] 行, 諸行, 業行-梵漢大辭典 1110 페이지.
- ❄  vijñāna [經文] 心, 知, 識-梵漢大辭典 1426 페이지.

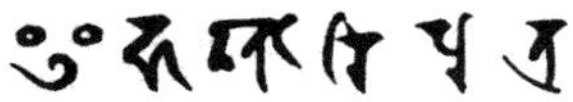

i ha śā ri pu tra

伊 訶 舍(引) 利 布 怛囉(二合)

告 身 子

sa rva dha rmā

薩 嚩 達 麼(引)

一切 法

- ❄  dharma [經文] 法, 正法, [譯音] 達磨-梵漢大辭典 369 페이지.

　　＊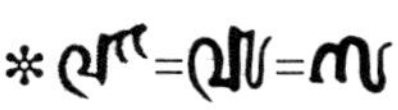 ṇā　＊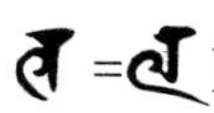 la

śū nya tā la kṣa ṇā

戍(引) 疹 多(引) 洛 叉 尼(引) ＊尼(引)=拏(引) ?

空 相

❄  lakṣaṇa 經 相, 色相-梵漢大辭典 649 페이지.

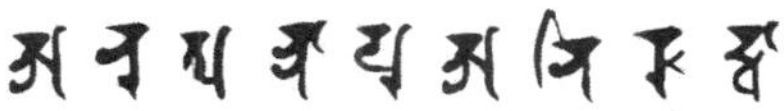 ＊() a ni 패엽경에는 a 없음.

a nu tpa nnā yu a ni ru ddhā

阿 努 怛鉢(二合) 曩(引) 喩 你 嚕(引) 馱

不生 成 不滅 ＊yu=成

❄  an-utpanna 經不生, 無生-梵漢大辭典 649 페이지.

❄  a-niruddha 經 不滅, 無滅-梵漢大辭典 99 페이지.

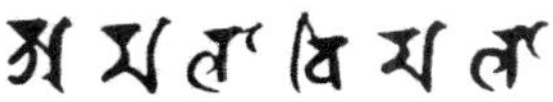

a ma lā vi ma lā

阿 麼 攞(引) 尾 麼 攞(引)

不垢 不淨

❄  a 經 不, 非, 未, 無-梵漢大辭典 1 페이지.

❄ 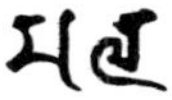 mala 田 汚物, 不潔(肉體上或 道德上的): (身體的)分泌物:

經 垢, 不淨-梵漢大辭典 99 페이지.

❄  a-mala 經 無垢, 不垢, 淨-梵漢大辭典 99 페이지.

❄  vi-mala 經 淨, 無垢, 淸淨-梵漢大辭典 1433 페이지.

 ＊=, pū

no nā na pa ri pū rṇā

努(引) 那(引) 那 鉢 哩 補 囉拏(二合引)

不增

※  no 經 非, 不, 無-梵漢大辭典 814 페이지.

※  nānā 經 種種, 異, 諸-梵漢大辭典 765 페이지.

※  pari-pūrṇa 經 增, 滿, 圓-梵漢大辭典 862 페이지.

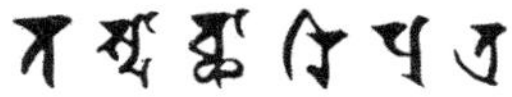 ＊=chā

ta smā chā ri pu tra

怛 薩麽(二合引) 舍(引) 利 布 怛囉(二合)

告 身 子

śū nya tā yāṃ na ru paṃ

戍(引) 瘮 多(引) 衍(引) 那 嚕(引) 牟

空中 無色

※  ayam 經 是, 此, 其-梵漢大辭典 228 페이지.

※  madhya 經 中, 間, 中間-梵漢大辭典 228 페이지.

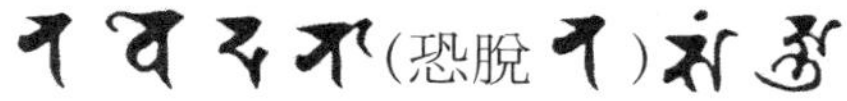 ＊恐脫  na字= na saṃ jña

na ve da nā 《na》 saṃ jña

那 薜 陀 那(引) 《那》 散 惹 ＊원문에는 那만 있음. 那= 那(引)《那》

無 受 無 想

nā saṃ skā rā na vi jña ni

那 散 塞迦(二合引) 囉(引) 那 尾 惹 你

無 行 無 識

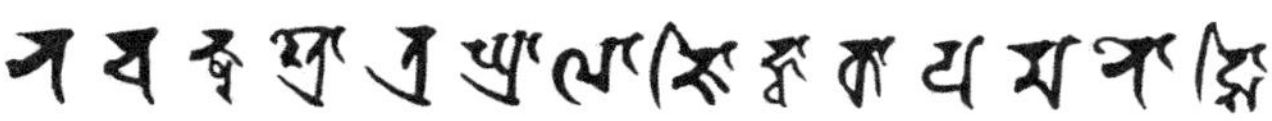 ＊= 패엽경

na ca kṣu śro tra ghrā ṇa ji hvā kā ya ma no ṭśi = =ṭśi

那 斫 芻 戍嚕 怛囉 伽囉 囉 拏 尒 訶嚩 迦 野 麼 能 悉

無 眼 耳 鼻 舌 身 意

- ❄ cakṣus [梵] 視, 眼, 目-梵漢大辭典 307 페이지.
- ❄ śruti [雅] 耳, [梵] 聞, 教-梵漢大辭典 1205 페이지.
- ❄ ghrāṇa [梵] 鼻-梵漢大辭典 459 페이지.
- ❄ jihva [梵] 舌-梵漢大辭典 531 페이지.
- ❄ kāya [梵] 身, 體-梵漢大辭典 586 페이지.
- ❄ manas [梵] 意, 意識, 意念-梵漢大辭典 698 페이지.

 ＊ spa= 具spra

na rū paṃ śa bda ga ndha ra sa spa ṣṭa vya dha rmā

那 嚕(引) 半 攝 那 彥 馱 囉 娑 三鉢囉(三合) 瑟吒(二合) 蒲也(二合) 達 麼(引)

無 色 聲 香 味 觸 法

- ❄ śabda [梵] 聲, 音, 音聲, 言-梵漢大辭典 1042 페이지.
- ❄ gandha [梵] 香, 氣-梵漢大辭典 446 페이지.
- ❄ rasa [梵] 味, 汁-梵漢大辭典 1017 페이지.
- ❄ sparṣṭavya [梵] 觸-梵漢大辭典 1190 페이지.
- ❄ sparśa [梵] 觸-梵漢大辭典 1190 페이지.

na ca kṣu rdhā tu yā va

那 斫 芻 囉馱(二合引) 覩 野(引) 嚩

無 眼 界 乃至

- ❄ dhātu [梵] 界-梵漢大辭典 1190 페이지.

tna ma no dhā tu

那 麽 努(引) 達(引) 都

無 意 界

na vi dyā nā vi dyā

那 尾 你也(二合引) 那 尾 你也(二合引)

無 明 無 明

❋  a-vidyā 圝 無明, 不明-梵漢大辭典 219 페이지.

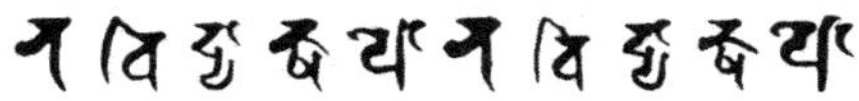

na vi dyā kṣa yo na vi dyā kṣa yo

那 尾 你也(二合引) 乞叉(二合) 喩(引) 那 尾 你也(二合引) 乞叉(二合) 喩(引)

無 明 盡 無 明 盡

❋  kṣaya 圝 盡, 滅, 斷, 失-梵漢大辭典 624 페이지.

yā va tna ja rā ma ra ṇaṃ

喩(引) 野(引) 嚩 曩 社 囉(引) 麽 囉 喃

乃至 無老死

❋  yāvad-aupamya 圝 乃至譬喩-梵漢大辭典 1515 페이지.

❋  jarā 圝 老, 衰老-梵漢大辭典 525 페이지.

❋  maraṇa 圝 死, 滅, 終-梵漢大辭典 624 페이지.

na ja rā ma ra ṇa
那 社 囉 麽 囉 拏
無 老 死

kṣa yo na duḥ kha sa mu da ya ni ro dha mā rga
乞叉(二合) 喩(引) 那 耨 佉 三 母 那 耶 你 嚕(引) 馱 麽(引) 囉誐(二合)
盡 無 苦 集 滅 道

- ❄ duḥ-kha [經文] 苦, 惱, 患-梵漢大辭典 405 페이지.
- ❄ sam-udaya [經文] 集, 合, 生-梵漢大辭典 1116 페이지.
- ❄ ni-rodha [經文] 滅-梵漢大辭典 798 페이지.
- ❄ mārga [經文] 道, 正道-梵漢大辭典 713 페이지.

na jña naṃ na prā pti tvaṃ
那 惹 難 那 鉢囉(二合引) 必帝(二合) 怛梵(二合)
無 智 無 得 故

- ❄ prāpti [經文] 得, 至-梵漢大辭典 928 페이지.
- ❄ purāṇa [經文] 故, 古, 舊-梵漢大辭典 989 페이지.
- ❄ tvam [經文] 汝, 爾-梵漢大辭典 1309 페이지.

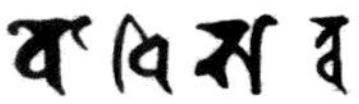

bo dhi sa tva
菩 提 薩 怛嚩(二合)
覺 有情

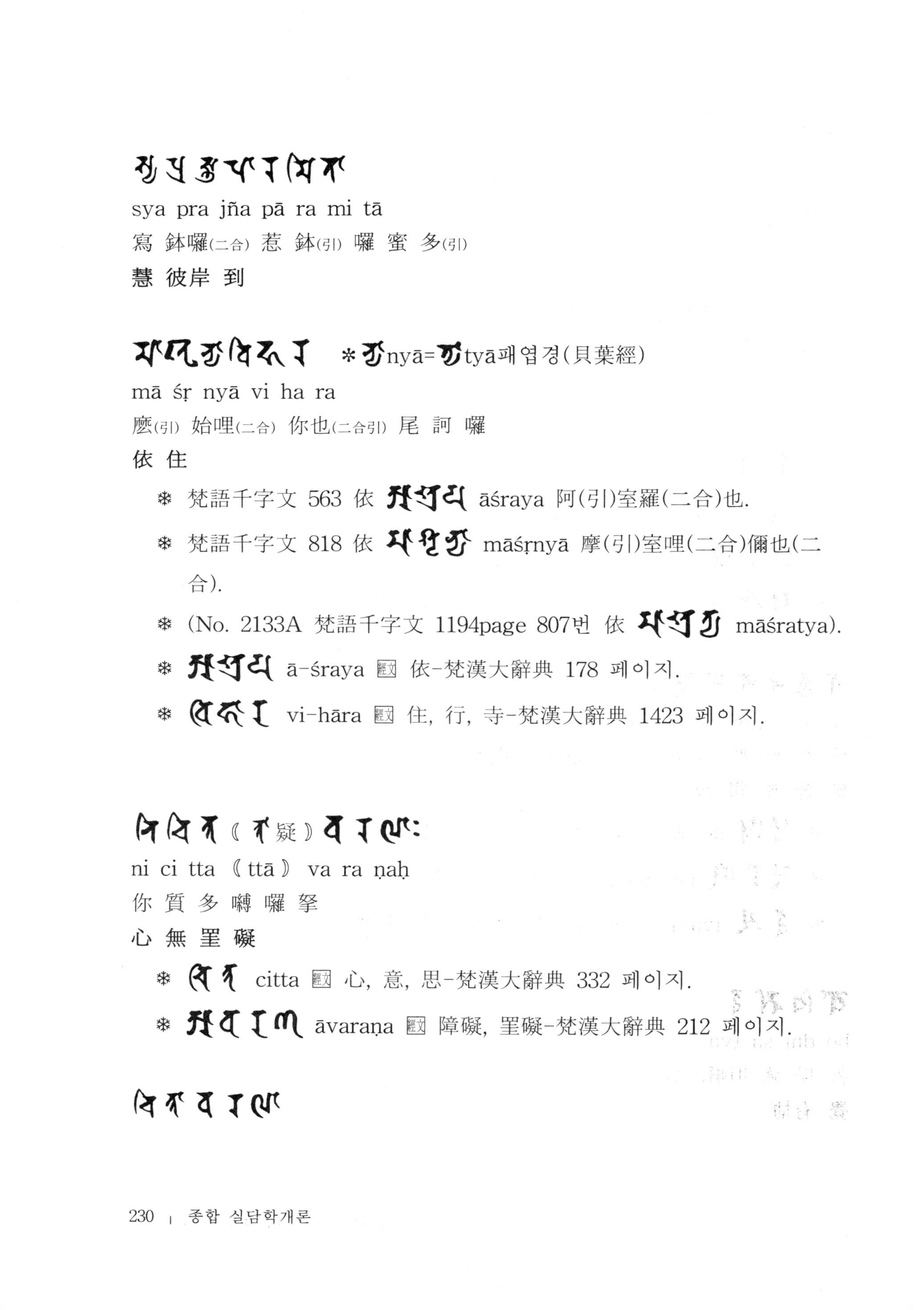

sya pra jña pā ra mi tā
寫 鉢囉(二合) 惹 鉢(引) 囉 蜜 多(引)
慧 彼岸 到

*nyā=tyā 패엽경(貝葉經)

mā śṛ nyā vi ha ra
麼(引) 始哩(二合) 你也(二合引) 尾 訶 囉
依 住

- ❋ 梵語千字文 563 依 āśraya 阿(引)室羅(二合)也.
- ❋ 梵語千字文 818 依 māśṛnyā 摩(引)室哩(二合)儞也(二合).
- ❋ (No. 2133A 梵語千字文 1194page 807번 依 māśratya).
- ❋ ā-śraya 經 依-梵漢大辭典 178 페이지.
- ❋ vi-hāra 經 住, 行, 寺-梵漢大辭典 1423 페이지.

(疑)

ni ci tta 《ttā》 va ra ṇaḥ
你 質 多 嚩 囉 拏
心 無 罣 礙

- ❋ citta 經 心, 意, 思-梵漢大辭典 332 페이지.
- ❋ āvaraṇa 經 障礙, 罣礙-梵漢大辭典 212 페이지.

ci ttā va ra ṇa

質 多(引) 嚩 囉 拏

心 無 罣 礙

tvā= tā패엽경(貝葉經)

nā sti tvā da tra sto

那 悉底(二合) 怛嚩(二合引) 那 怛囉(二合) 窣姤(二合引)

無 有 恐 怖

- ❊ nâsti 經 無有, 無, 非有-梵漢大辭典 771 페이지.
- ❊ nâstitva 經 無, 無相, 無體-梵漢大辭典 771 페이지.
- ❊ asti 經 有-梵漢大辭典 182 페이지.
- ❊ trasta 經 恐, 怖, 恐怖-梵漢大辭典 1295 페이지.

＊krā (貝) ntaḥ (nnaḥ貝)

vi pa dya sā ti krā ntaḥ

尾 鉢 儞也(二合) 娑 底 羯矙(二合引) 多

轉 倒 遠 離

- ❊ viparyāsa 經 倒, 虛妄, 顚倒-梵漢大辭典 1443 페이지.
- ❊ ati-krānta 經 離, 超, 過-梵漢大辭典 191 페이지.

＊ti= ni 패엽경(貝葉經)

ti ṣṭa ni rvā ṇa

底 瑟吒(二合) 儞 嚟嚩(二合引) 拏

究竟 圓寂

- ❊ ni-ṣṭhā 經 成就, 究竟, 終-梵漢大辭典 809 페이지.

❄ nir-vāṇa [梵] 滅, 寂靜, 寂滅, [譯] 涅槃, 泥槃-梵漢大辭典 800 페이지.

＊ ttā = tā 패엽경(貝葉經)

trya dhva vya va svi ttā

底哩也(三合) 達嚩(二合) 尾也(二合) 嚩 悉地(二合) 多(引)

三 世

❄ tri-y-adhvika [梵] 三世-梵漢大辭典 1301 페이지.

❄ vyavasthita [梵] 有, 住, 定, 立-梵漢大辭典 1492 페이지.

sa rva bu ddhāḥ pra jña pā ra mi tā

薩 嚩 沒 馱(引) 鉢囉(二合) 惹 鉢(引) 囉 弭 多

一切 佛 慧 彼 岸 到

❄ buddha [梵] 覺, 如來, [譯] 佛, 佛陀-梵漢大辭典 1301 페이지.

《 》 ＊ śu를 śṛ로 표기하라는 뜻.

mā śu 《śṛ》 nyā nu tta rāṃ

麽 失哩(二合) 《𣢾》 你也(二合引) 砮 哆 囕(引)

依 無 上

❄ anu-ttara [梵] 勝, 無上, 最上, [譯] 阿耨多羅-梵漢大辭典 1301 페이지.

sa mya ksaṃ bo dhi

三 藐 三 菩 提

正 等 正 覺

❄ samyak-saṃbodhi [梵] 正等, 正等正覺 [譯]

三藐三菩提-梵漢大辭典 1122 페이지.

ma bhi saṃ bu ddhā

麼 鞞 三 勃 馱(引)

現證 正覺者

❄  abhi-saṃbuddha 梵 證, 現等覺 譯 阿毗三佛陁-梵漢大辭典 14 페이지.

ta smā jña ta vyaṃ pra jña

怛 麼(二合引) 惹 怛 尾衍(二合) 鉢囉(二合)

故 知 慧

❄  jñātavya 梵 解, 所知-梵漢大辭典 539 페이지.

prā mi tā ma hā maṃ tro

波囉(二合引) 蜜 哆(引) 摩 訶(引) 漫 覩嚕(二合引)

彼 岸 到 是 大 真 言

❄  mahā 梵 大, 廣大, 巨-梵漢大辭典 676 페이지.

❄  mantra 梵 言, 辭, 眞言, 咒-梵漢大辭典 708 페이지.

ma hā vi dyā maṃ traḥ

摩 訶(引) 尾 地也(二合引) 漫 怛囉(二合)

是 大 明 真 言

❄  vidyā 梵 明, 術, 明咒-梵漢大辭典 1420 페이지.

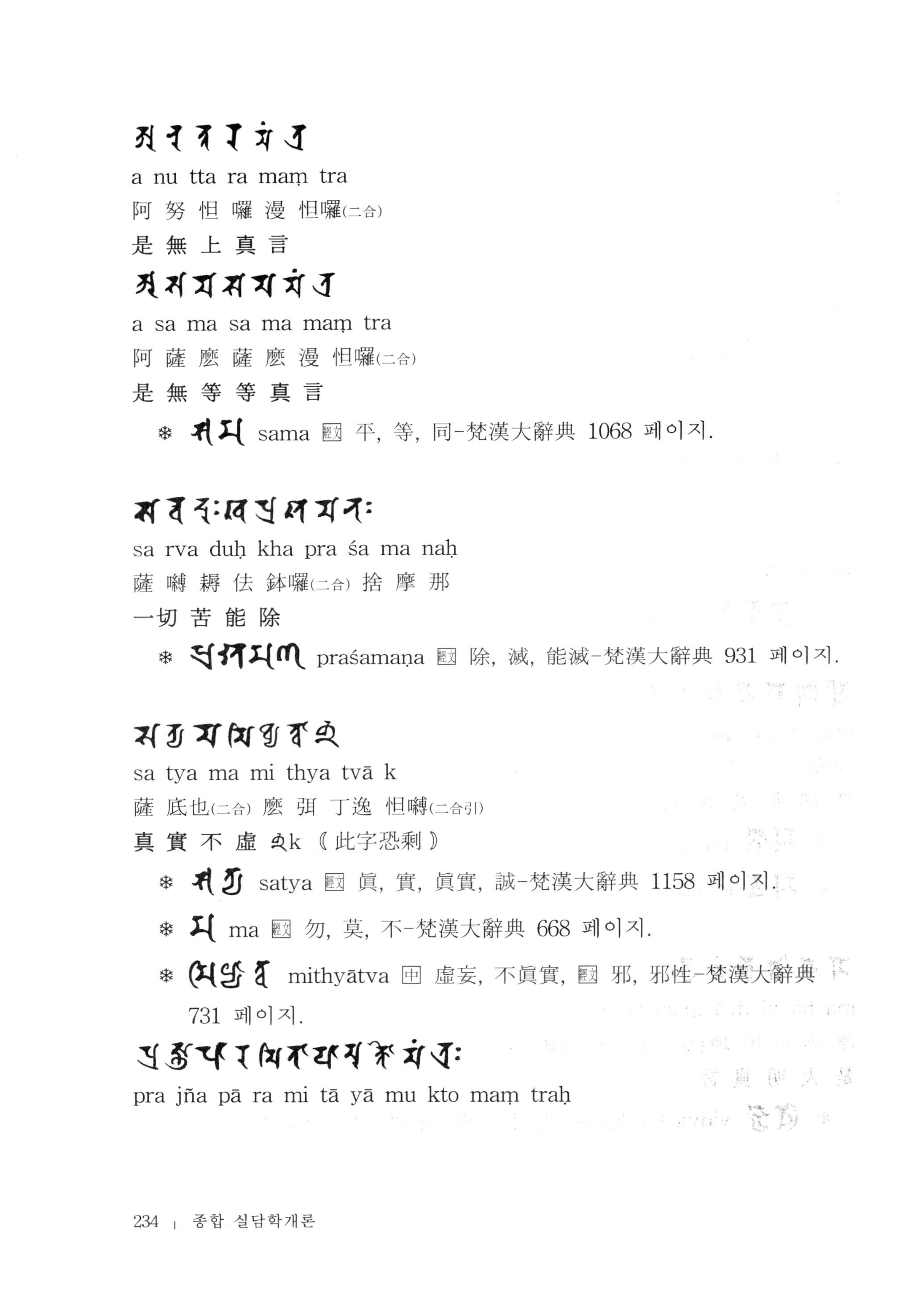

a nu tta ra maṃ tra

阿 努 怛 囉 漫 怛囉(二合)

是 無 上 真 言

a sa ma sa ma maṃ tra

阿 薩 麽 薩 麽 漫 怛囉(二合)

是 無 等 等 真 言

❄ sama [梵] 平, 等, 同-梵漢大辭典 1068 페이지.

sa rva duḥ kha pra śa ma naḥ

薩 嚩 耨 佉 鉢囉(二合) 捨 摩 那

一切 苦 能 除

❄ praśamaṇa [梵] 除, 滅, 能滅-梵漢大辭典 931 페이지.

sa tya ma mi thya tvā k

薩 底也(二合) 麽 弭 丁逸 怛嚩(二合引)

真 實 不 虛 k《此字恐剩》

❄ satya [梵] 眞, 實, 眞實, 誠-梵漢大辭典 1158 페이지.

❄ ma [梵] 勿, 莫, 不-梵漢大辭典 668 페이지.

❄ mithyātva [中] 虛妄, 不眞實, [梵] 邪, 邪性-梵漢大辭典 731 페이지.

pra jña pā ra mi tā yā mu kto maṃ traḥ

鉢囉(二合) 惹 波(引) 囉 蜜 多(引) 野(引) 目 枳睹(二合) 漫 怛囉(二合)
慧 彼 岸 到 即說 真 言

❄ ukta [經] 云, 謂, 說, 告-梵漢大辭典 1326 페이지.

ta dya thā
怛 你也(二合) 他(引)
所 謂

❄ tad-yathā [經] 謂, 如, 如此-梵漢大辭典 1267 페이지.

*《 원본에는 작은 글씨》
ga te ga te pā ra ga te pā ra saṃ ga te
揭 諦 揭 諦 波 囉 揭 諦 波(引) 囉 僧 揭 諦

❄ gata [經] 去, 到, 至, 行-梵漢大辭典 452 페이지.

❄ gati [經] 行, 趣, 去, 到, 至-梵漢大辭典 453 페이지.

❄ pāra-gata [經] 度, 度彼岸, 超, 究竟-梵漢大辭典 452 페이지.

❄ para-saṃgata [形] 與彼會合, 即與彼作戰-梵漢大辭典 847 페이지.

bo dhi svā hā
菩(引) 提 娑嚩(二合引) 訶(引)

❄ bodhi [經] 覺, 道, 菩提樹, [譯] 菩提-梵漢大辭典 288 페이지.

❄ svāhā [經] 安定, 侵地界 [譯] 薩婆訶, 莎嚩賀-梵漢大辭典 1252 페이지.

pra jña pā ra mi ta

鉢囉(二合) 惹 鉢(引) 囉 蜜 多

慧 彼 岸 到

 ✻da 원본에는 작은글씨, 패엽경에는 없음.

hṛ da ya sa ma ptā

訶哩(二合) 馱 野 娑 麽 跛多(二合引)

心 成就已竟

❄  hṛdaya [梵] 心-梵漢大辭典 497 페이지.

❄  sūtra [梵] 經, 絲, 縷-梵漢大辭典 1246 페이지.

❄  samāpta [梵] 竟, 入得, 罷-梵漢大辭典 497 페이지.

②尊勝陀羅尼

 ✻lā=lo?

na ma strai lā kya

曩 麽 悉怛隸(二合) 路 枳野(二合)

敬禮 三世

❄ namas [梵] 歸依, 歸命, 禮, 敬禮, 歸禮 [譯] 南無, 那謨, 南謨, 那莫-梵漢大辭典 764페이지.

❄ 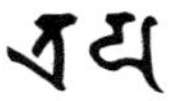 traya [梵] 三-梵漢大辭典 1295 페이지.

❄  tri [梵] 三-梵漢大辭典 1296 페이지.

❄  lokya [梵] 世, 世間-梵漢大辭典 664 페이지.

❄ 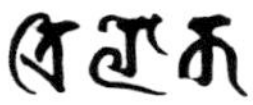 tri-loka [梵] 三界-梵漢大辭典 1298 페이지.

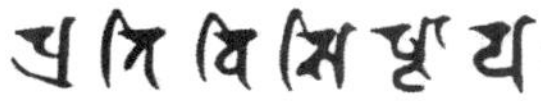

pra ti vi si ṣṭā ya

鉢囉(二合) 底 毗 始 瑟吒(二合引) 野

最殊勝

❄  prati-viśiṣṭa [經文] 勝, 最勝, 最尊最勝, 殊勝-梵漢大辭典 957 페이지.

bu ddhā ya bha ga va te

沒 馱 野 婆 嚩 誐 帝

覺者 世尊

❄  buddha [經文] 覺, 如來, [譯音] 佛, 佛陀-梵漢大辭典 1301 페이지.

❄  bhagabat [經文] 世尊, 佛, 如來, [譯音] 婆伽婆-梵漢大辭典 251 페이지.

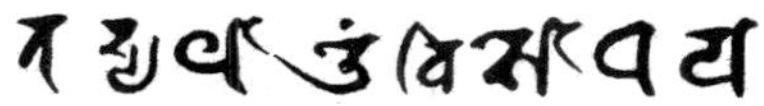

ta dya thā oṃ vi so dha ya

怛 姪也(二合) 他(引) 唵 尾 輸(引) 馱 野

所謂 三身 淸淨

❄  tad-yathā [經文] 謂, 如, 所謂-梵漢大辭典 1267 페이지.

❄  oṃ [經文] 極讚 [譯音] 蓬, 唵-梵漢大辭典 819 페이지.

❄ 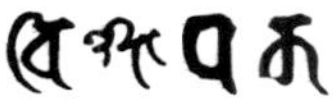 viśodhaka [經文] 淨, 淸淨-梵漢大辭典 1267 페이지.

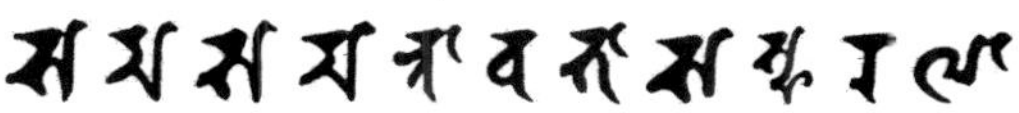

sa ma sa ma ntā va bhā sa spha ra ṇa

娑 麽 娑 漫 哆(引) 嚩 婆(引) 娑 薩頗(二合) 囉 拏

平等普遍 照曜 舒遍

- ❈ sama [梵] 平, 等, 同-梵漢大辭典 1068 페이지.
- ❈ samantāvabhāsa-spharaṇa [梵] 普照, 光明普照, 光明遍照-梵漢大辭典 1077 페이지.

ga ti ga ha na

誐 底 誐 賀 曩

六趣稠林

- ❈ gati [梵] 行, 趣, 去, 到, 至-梵漢大辭典 453 페이지.
- ❈ gahana [梵] 林, 稠林-梵漢大辭典 440 페이지.

sva bhā va śu ddhe

娑嚩(二合) 婆(引) 嚩 輸(入) 提

自性 清淨

- ❈ sva-bhāva [梵] 自性, 相, 性-梵漢大辭典 1250 페이지.
- ❈ śuddha [梵] 淨, 清淨-梵漢大辭典 1221 페이지.

a bhi ṣiṃ ca tu māṃ

阿 鞞 詵 者 覩 鋡

引灌頂 我

- ❈ abhi-ṣecana [中] 灌頂, 卽位-梵漢大辭典 15 페이지.
- ❈ ātman [梵] 我, 己, 自, 身-梵漢大辭典 197 페이지.

su ga ta va ca nā

素 誐 多 嚩 者 曩

善逝 殊勝教

- ❄ su-gata [經文] 善逝, 佛, 諸佛如來, [譯音] 修伽陀-梵漢大辭典 1225 페이지.
- ❄ vacana [經文] 言, 語, 所說, 名, 教 [譯音] 嚩左曩-梵漢大辭典 1365 페이지.

mṛ tā bhi ṣe kai

蜜哩 多 鞞 囇 罽

甘露 灌頂

- ❄ a-mṛta [經文] 甘露, 不死-梵漢大辭典 78 페이지.
- ❄ abhi-ṣeka [經文] 灌頂, 受職-梵漢大辭典 16 페이지.

ha rā ha rā

賀 囉(引) 賀 囉(引)

唯願攝受 唯願攝受

- ❄ hara [形] 接受, 獲得-梵漢大辭典 483 페이지.

ā yaḥ saṃ ntā ra ṇe

阿(引) 欲 散 跢 囉 抳

堅住持壽命

❄ āya [陽] 到來, 接近, 收入, 所得-梵漢大辭典 227 페이지.

❄ jiva [經文] 命, 壽命-梵漢大辭典 534 페이지.

❄ santa [經文] 有, 物-梵漢大辭典 1127 페이지.

❄ sānta [經文] 寂靜, 盡-梵漢大辭典 1127 페이지.

❄ a-raṇa [經文] 無煩, 無諍-梵漢大辭典 1127 페이지.

＊ = śo 패엽경(貝葉經)

śo dha ya śo dha ya

輸(引) 達 野 輸(引) 達 野

清淨 最清淨

❄ śodha [經文] 淨化, 淨修-梵漢大辭典 1127 페이지.

ga ga na vi su ddhe

誐 誐 曩 尾 輸(引) 帝

如虛空淸淨

❄ gagana [經文] 空, 虛空-梵漢大辭典 439 페이지.

❄ vi-śuddha [經文] 淨, 淸淨-梵漢大辭典 1221 페이지.

u ṣṇī ṣa vi ja ya su ddhe

鄔 瑟抳(二合引) 沙 尾 惹 野 輸(入) 弟

佛頂 最勝 淸淨

❄ uṣṇīṣa [經文] 頂, 佛頂, 尊勝-梵漢大辭典 1353 페이지.

❄ vi-jaya [經文] 勝, 最勝-梵漢大辭典 1425 페이지.

❄ śuddha [經文] 淨, 淸淨-梵漢大辭典 1221 페이지.

sa ha sra ra myi (śme)

* śme 패엽경(貝葉經)에 없음.

* myi= śme 가 아닐까 의문.

娑 賀 娑羅(二合) 囉 始弭(二合) (疑)

千 光 明

* sahasra [梵] 千-梵漢大辭典 1353 페이지.
* ramya [梵] 可樂, 可愛, 最殊勝-梵漢大辭典 1015 페이지.
* raśmi [梵] 光, 光明-梵漢大辭典 1019 페이지.

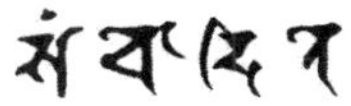

saṃ co di te

散 祖(引) 你 帝

警覺

* saṃ-codita [梵] 語, 教, 開悟, 覺悟-梵漢大辭典 1088 페이지.

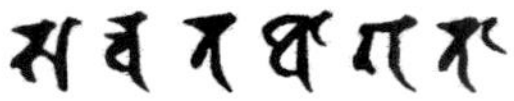

sa rva ta thā ga tā

薩 嚩 怛 佗(引) 蘖 多(引)

一切 如來

* sarva [梵] 一切, 諸, 總-梵漢大辭典 1138페이지.
* thatā-gata [梵] 如來, 佛, 世尊-梵漢大辭典 1281 페이지.

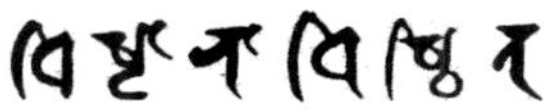

dhi ṣṭā nā dhi ṣṭhi ta

地 瑟姹(二合引) 那(引) 地 瑟恥(二合) 多

神 力 加持

- ❄ adhi-ṣṭhāna 梵 力, 神力, 神通-梵漢大辭典 34 페이지.
- ❄ adhi-ṣṭhita 梵 加持, 加被-梵漢大辭典 34 페이지.

mu dre va jra

母 捺囇(二合) 嚩 日囉(二合)

印契 金剛

- ❄ mudrā 梵 印, 印契, 手印-梵漢大辭典 744 페이지.
- ❄ vajra 梵 金剛, 霹靂, 金剛杵-梵漢大辭典 1378 페이지.

kā ya saṃ ha ta na

迦(引) 野 僧 賀 多 曩

身 鉤鎖

- ❄ kāya 梵 身, 體-梵漢大辭典 586 페이지.
- ❄ saṃ-hatana 梵 不毀-梵漢大辭典 1094 페이지.

su ddhe sa rva va ra ṇa

輸(入) 提 薩 嚩 嚩 囉 拏

清淨 一切 障

- ❄ śuddha 梵 淨, 清淨-梵漢大辭典 1221 페이지.
- ❄ sarva 梵 一切, 諸, 總-梵漢大辭典 1138페이지.

❄  varaṇa [經文] 象, [形]防禦, 反對-梵漢大辭典 1389페이지.

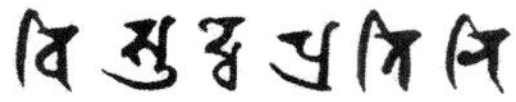

vi su ddhe pra ti ni

尾 輸(入) 提 鉢囉(二合) 底 顊

淸淨 隨

❄  vi-śuddha [經文] 淨, 淸淨-梵漢大辭典 1221 페이지.

❄ 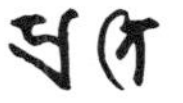 prati [經文] 對, 各各, 約, 至-梵漢大辭典 939 페이지.

❄  śuddha [經文] 淨, 淸淨-梵漢大辭典 1221 페이지.

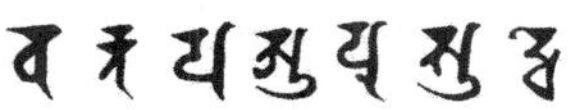

va rta ya ā yu su ddhe

韈 哆 野 婀 欲 輸(入) 弟

轉 壽命 皆 得 淸淨

❄  varta [經文] 旋-梵漢大辭典 1394 페이지.

❄  āyus [經文] 命, 壽, 壽命-梵漢大辭典 231 페이지.

❄  śuddha [經文] 淨, 淸淨-梵漢大辭典 1221 페이지.

❄  sam-aya [經文] 約, 時, 劫, [譯] 三昧, 三摩野-梵漢大辭典 1084 페이지.

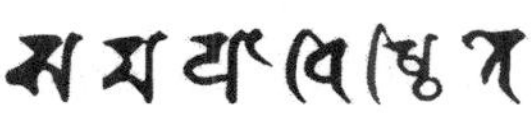

sa ma yā dhi ṣṭhi te

娑 麽 野(引) 地 瑟恥(二合) 帝

誓願 加持

❄  sam-aya [經文] 約, 時, 劫, [譯] 三昧, 三摩野-梵漢大辭典 1084 페이지.

❋ adhi-ṣṭhita [經文] 加持, 加被-梵漢大辭典 34 페이지.

ma ni ma ni ta thā tā
麽 抳 麽 抳 怛 闥 多(引)
世寶(又心也) **法寶**(又意也)

❋ maṇi [經文] 寶, 寶珠, 明珠 [譯音] 摩尼, 摩尼珠-梵漢大辭典 704 페이지.

❋ tathātā [經文] 眞如, 如如-梵漢大辭典 284 페이지.

* … = … bhu 패엽경(貝葉經)
* … ko= … ka 패엽경(貝葉經)

bhu ta ko ṭi
步(引) 多 句(引) 致
眞實

❋ bhūta-koṭi [經文] 實際, 眞實際-梵漢大辭典 1283 페이지.

pa ri su ddhe
鉢 里 輸(入) 弟
遍 淨

❋ pari-śuddha [經文] 淸, 淸淨, 遍淸淨已-梵漢大辭典 284 페이지.

* … śu= … śu 패엽경(貝葉經)

vi sphu ṭa bu ddhi śu ddhe
尾 娑普(二合) 吒 勃 地 輸(入) 弟

摧 吒 智 淸淨

- ❄ vi-sphuṭa [梵] 爆開的, 長口結舌的-梵漢大辭典 1283 페이지.
- ❄ bhūta-koṭi [梵] 實際, 眞實際-梵漢大辭典 1283 페이지.
- ❄ buddhi [梵] 智, 慧 大覺, 通達-梵漢大辭典 1283 페이지.
- ❄ śuddha [梵] 淨, 淸淨-梵漢大辭典 1221 페이지.

ja ya ja ya vi ja ya

惹 野 惹 野 尾 惹 野

最勝 最勝 (重言之者即二諦法門)

- ❄ jaya [梵] 勝, 降, 破-梵漢大辭典 529 페이지.
- ❄ vi-jaya [梵] 最勝, 勝, 破-梵漢大辭典 1425 페이지.

sma ra sa rva bu ddhā

娑麼(二合) 囉 薩 嚩 沒 馱(引)

念持 一切諸佛

- ❄ smara [梵] 念, 憶-梵漢大辭典 1183 페이지.
- ❄ sarva [梵] 一切, 諸, 總-梵漢大辭典 1138페이지.
- ❄ buddha [梵] 覺, 如來, [譯] 佛, 佛陀-梵漢大辭典 1301 페이지.

dhi ṣṭi ta su ddhe

地 瑟恥(二合) 多 輸(入) 弟

加持 淸淨

❄ adhi-ṣṭhita [經文] 加持, 加被-梵漢大辭典 34 페이지.

❄ śuddha [經文] 淨, 淸淨-梵漢大辭典 1221 페이지.

va jre va jra ga rbhe

嚩 日嚟(二合引) 嚩 日囉(二合) 蘖 陛

金剛 金剛藏

❄ vajra [經文] 金剛, 霹靂, 金剛杵-梵漢大辭典 1378 페이지.

❄ garbha [經文] 胎, 藏, 胎藏-梵漢大辭典 449 페이지.

va jraṃ bha va tu ma ma

嚩 日覽(二合) 婆 嚩 覩 麼 麼

願成如金剛 我

❄ vajra [經文] 金剛, 霹靂, 金剛杵-梵漢大辭典 1378 페이지.

❄ bhavat [經文] 爲, 汝, 汝等-梵漢大辭典 264 페이지.

❄ mama [經文] 我, 我所-梵漢大辭典 696 페이지.

sa rva sa tva nāṃ

薩 嚩 薩 怛嚩(二合引) 難(引)

一切 諸 有情

❄ sarva [經文] 一切, 諸, 總-梵漢大辭典 1138페이지.

❄ sattva [經文] 有, 有情, 力, [譯音] 薩埵 -梵漢大辭典 1138페이지.

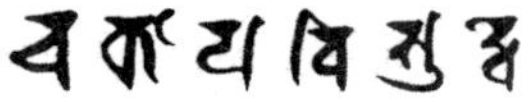

ca kā ya vi su ddhe

左 迦 野 尾 輸(入) 弟

身 得淸淨

  - ❄ ca [梵] 與, 亦, 或-梵漢大辭典 304 페이지.
  - ❄ kāya [梵] 身, 體-梵漢大辭典 586 페이지.
  - ❄ vi-śuddha [梵] 淨, 淸淨-梵漢大辭典 1221 페이지.

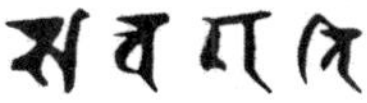

sa rva ga ti

薩 嚩 誐 底

一切 趣

  - ❄ sarva [梵] 一切, 諸, 總-梵漢大辭典 1138페이지.
  - ❄ gati [梵] 行, 趣, 云, 到, 至-梵漢大辭典 453 페이지.

pa ri su ddhe

鉢 哩 輸(入) 弟

皆淸淨

  - ❄ pari-śuddha [梵] 淸, 淸淨, 遍淸淨已-梵漢大辭典 284 페이지.

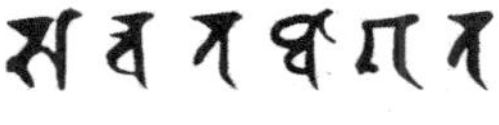

sa rva ta thā ga ta

薩 嚩 怛 他(引) 蘖 多

一切如來

  - ❄ sarva [梵] 一切, 諸, 總-梵漢大辭典 1138페이지.

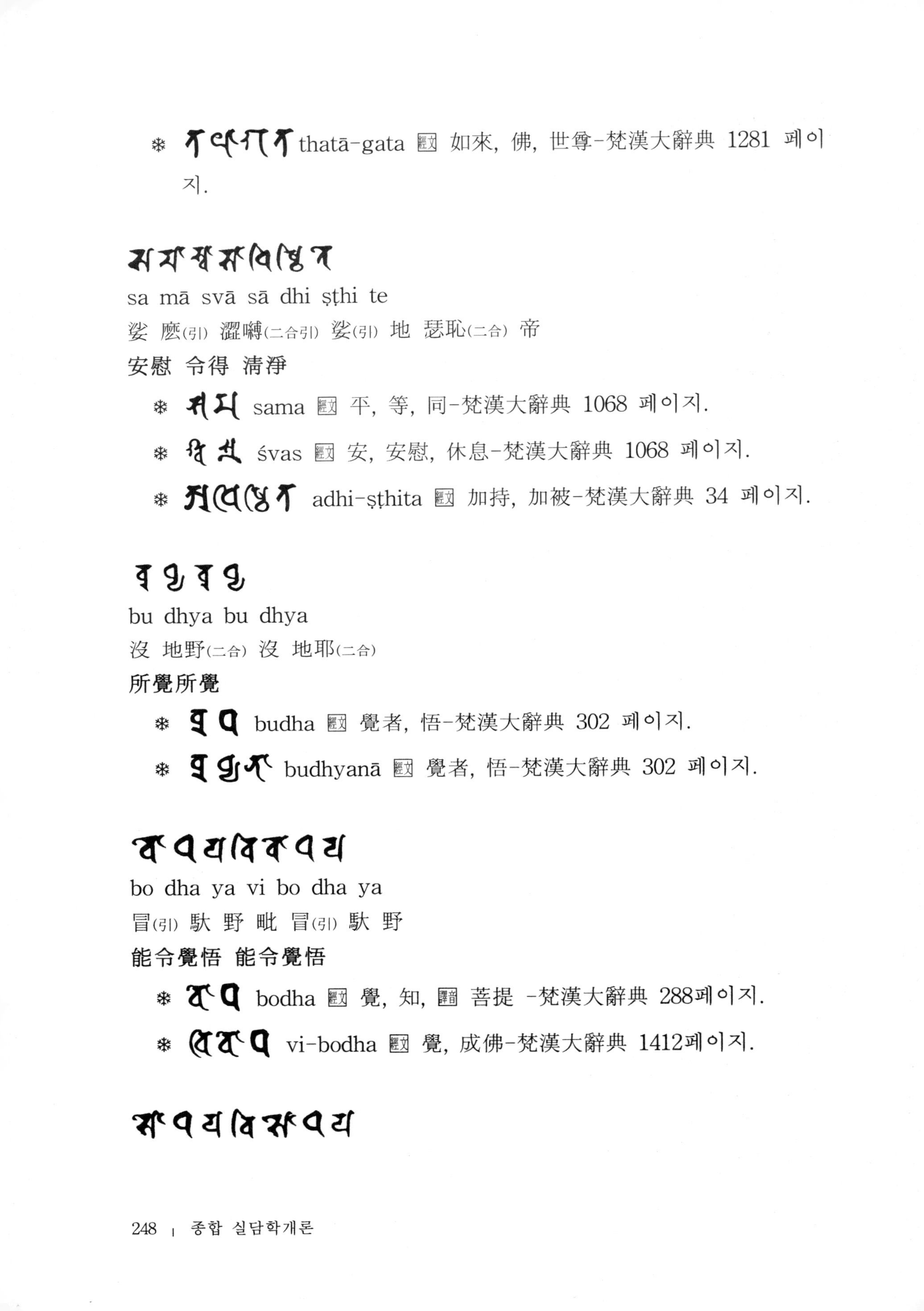

❄ thatā-gata [經文] 如來, 佛, 世尊-梵漢大辭典 1281 페이지.

sa mā svā sā dhi ṣṭhi te

娑 麼(引) 濕嚩(二合引) 娑(引) 地 瑟恥(二合) 帝

安慰 令得 清淨

❄ sama [經文] 平, 等, 同-梵漢大辭典 1068 페이지.

❄ śvas [經文] 安, 安慰, 休息-梵漢大辭典 1068 페이지.

❄ adhi-ṣṭhita [經文] 加持, 加被-梵漢大辭典 34 페이지.

bu dhya bu dhya

沒 地野(二合) 沒 地耶(二合)

所覺所覺

❄ budha [經文] 覺者, 悟-梵漢大辭典 302 페이지.

❄ budhyanā [經文] 覺者, 悟-梵漢大辭典 302 페이지.

bo dha ya vi bo dha ya

冒(引) 馱 野 毗 冒(引) 馱 野

能令覺悟 能令覺悟

❄ bodha [經文] 覺, 知, [譯音] 菩提 -梵漢大辭典 288페이지.

❄ vi-bodha [經文] 覺, 成佛-梵漢大辭典 1412페이지.

so dha ya vi so dha ya

輸(引) 駄 野 尾 輸(引) 駄 野

速得清淨 速得清淨

- ❄ śodha [經文] 淨修, 嚴淨-梵漢大辭典 1187페이지.
- ❄ viśodhaka [經文] 淸淨, 淨-梵漢大辭典 1460페이지.

sa rva ka rma va ra ṇā ni

薩 嚩 羯 磨 縛 囉 拏(引) 你

一切 業 障

- ❄ sarva [經文] 一切, 諸, 總-梵漢大辭典 1138페이지.
- ❄ karman [經文] 業, 作, 行, [譯音] 羯磨-梵漢大辭典 571페이지.
- ❄ varaṇa [經文] 象, [形]防禦, 反對-梵漢大辭典 1389페이지.

sa ma sa ma nta pa ri su ddhe

娑 麼 娑 漫 多 鉢 哩 輸(入) 弟

平等 普遍 皆 淸淨

- ❄ sama [經文] 平, 等, 司-梵漢大辭典 1068 페이지.
- ❄ sam-anta [經文] 普, 周, 徧, 普遍-梵漢大辭典 1076 페이지.

sa rva ta thā ga tā dhi ṣṭhā nā

薩 嚩 怛 他(引) 揭 多(引) 地 瑟姹(二合) 曩(引)

為一切 如來 加持

- ❄ sarva [經文] 一切, 諸, 總-梵漢大辭典 1138페이지.

※  thatā-gata [梵] 如來, 佛, 世尊-梵漢大辭典 1281 페이지.

※  adhi-ṣṭhāna [梵] 力, 神力, 神通-梵漢大辭典 34 페이지.

dhi ṣṭhi te svā hā

地 瑟耻(二合) 帝 娑嚩(二合引) 賀(引)

所加持 究竟 成就

※ 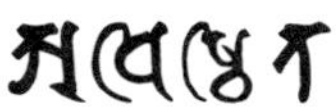 adhi-ṣṭhita [梵] 加持, 加被-梵漢大辭典 34 페이지.

※  svāhā [梵] 安定, 侵地界 [譯] 薩婆訶, 莎嚩賀-梵漢大辭典 1252 페이지.

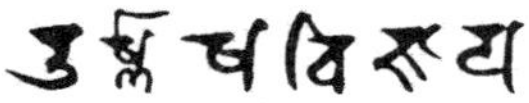

u ṣṇī ṣa vi ja ya

鄔 瑟抳(二合引) 沙 尾 惹 野

佛頂 最勝

※ 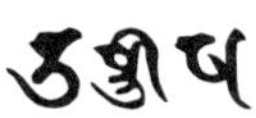 uṣṇīṣa [梵] 頂, 佛頂, 尊勝-梵漢大辭典 1353 페이지.

※  vi-jaya [梵] 勝, 最勝-梵漢大辭典 1425 페이지.

※  śuddha [梵] 淨, 清淨-梵漢大辭典 1221 페이지.

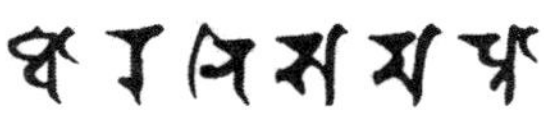

thā ra ni sa ma ptā

馱 囉 抳 娑 麼 跛多

總持 成就已竟

※ 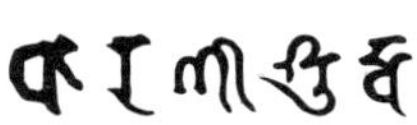 dhāraṇī [陰] 大乘佛教中, 能使心不忘法或能守護修行

者的章句. 尤指後世具有咒語性格的長句, 圖 摠持, 總, 持, 偈頌, 譯 陀羅尼, 妙陀羅尼-梵漢大辭典 368 페이지.

❄ samāpta 圖 竟, 入得, 罷-梵漢大辭典 497 페이지.

aṃ字

aṃ字

aḥ字

③ 十四音

si ddhaṃ

悉 曇

a	ā	i	ī	u	ū
阿(阿去)	婀	伊(引去)	伊	鄔	鄔(引去)

ṛ	ṝ	ḷ	ḹ
紇里(二合)	紇里(二合引)	里	黎

e	ai	o	au	aṃ	aḥ
曀	愛	汙	奥	暗	噁

ka	kha	ga	gha	ṅa
迦	佉	伽	伽(重)	仰

 *  패엽경(貝葉經)

ca	cha	ja	jha	ña
者	車	社	社(重)	壤

ṭa	ṭha	ḍa	ḍha	ṇa
吒	姹	茶	茶(重)	拏

ta	tha	da	dha	na
怛	他	馱	馱(重)	那

pa	pha	ba	bha	ma
波	頗	婆	婆(重)	摩

ya	ra	la	va
也	囉	攞	嚩

śa	ṣa	sa	ha	llaṃ	kṣa
捨	沙	娑	賀	藍	乞叉

余自弱小頗志密乘長參諸師扣問底蘊僉
言瑜伽學者自非考索梵文詳形音義不克
臻其堂奥於是周訪博搜專攻梵學音韻粗

曉相義稍通然以西竺東嵎風俗迥阻字源
難正望洋向若粤大和州法隆寺寶庫舊藏
中天貝多兩片乃是心經梵言佛頂尊勝及
悉曇十四音也今茲不揣得遇覽之甚愜素
願歡喜無量抃踊罔措斯則拭病目向明牕
强摧偏徬尋覓首尾旋得認著少應倣像遂
使不揆柔兔卒謄一本更加對註朱點句義
以貽后昆殊恨原本筆力遒勁龍飛獅奔故
未免畫虎類拘之誚旹

元祿第七龍集甲戌十月末望東都靈雲
沙門釋淨嚴書并跋

一 心經之中疑有脫誤則點示之
一 尊勝陀羅尼挍于佛陀波利杜行顗地婆訶羅(二本)義淨
無畏不空趙宋法天八本悉皆大同小異未詳誰譯本
一 十四音則麽多之中加紇里等四文知是中天竺梵字也

淨嚴重識

반야심경(般若心經)을 검색하면서 법륭사(法隆寺)의 패엽경(貝葉經)을 알게 되어서 풀려고 했지만, 글씨가 희미해서 어려웠는데, 일본국립박물관 사이트에서 정엄화상(淨嚴和尙)께서 패엽경(貝葉經)의 반야심경(般若心經)과 존승다리니(尊勝陀羅尼), 14음(音)을 풀어놓으신 것을 알게 되어서 패엽경(貝葉經)과 정엄화상(淨嚴和尙) 작품을 비교하면서 풀 수가 있었습니다. 특히 패엽경(貝葉經)의 자체(字體)에 어려움을 겪던 차에 정엄화상(淨嚴和尙)의 작품은 큰 도움이 되었고, 자체(字體)가 거의 비슷해서 정엄화상(淨嚴和尙) 작품을 중심으로 표기하고, 패엽경(貝葉經)과 표기가 다른 것은 따로 표기를 하고, 반야심경(般若心經)은 범본심경(梵本心經)과 중복을 피하기 위해서 반복된 단어들은 설명을 생략한 대신에 존승다라니(尊勝陀羅尼)는 반복된 단어들을 다 표기했습니다. 반야심경(般若心經)은 법륜사(法輪寺)의 법헌(法憲)스님의 실담범자(悉曇梵字) 반야심경 (般若心經)을 참고하여서 많은 도움을 받았습니다. 정엄화상(淨嚴和尙)께서는 위대한 작품인 𑖭𑖰𑖟𑖿𑖠𑖽siddhāṃ 삼밀초(三密鈔) 칠권(七卷)을 저술하셔서 실담학(悉曇學) 발전에 큰 공헌을 하셨습니다. 독자들의 일독을 권하겠습니다.

✿ 참고문헌.

1. 大正新修大藏經 第 84卷 悉曇部.
   - ① 번호 2701 梵悉曇字母釋義（一卷）空海 撰.
   - ② 번호 2702 悉曇藏（八卷）安然 撰.
   - ③ 번호 2703 悉曇十二例（一卷）安然 記.
   - ④ 번호 2704 悉曇略記（一卷）玄昭 撰.
   - ⑤ 번호 2705 悉曇集記（三卷）淳祐 集.
   - ⑦ 번호 2706 悉曇要訣（四卷）明覺 撰.
   - ⑧ 번호 2707 多羅葉記（三卷）心覺 撰.
   - ⑨ 번호 2708 悉曇祕傳記（一卷）信範 撰.
   - ⑩ 번호 2709 悉曇輪略圖抄（十卷）了尊 撰.
   - ⑪ 번호 2710 𑖭𑖰𑖟𑖿𑖠𑖽 siddhāṃ 三密鈔（七卷）淨嚴 撰.
   - ⑫ 번호 2711 梵學津梁總目錄（一卷）慈雲飮光 撰.

2. 大正新修大藏經 第 54卷 事彙部.
   - ① 번호 2132 悉曇字記（一卷）唐 智廣 撰.
   - ② 번호 2133a 梵語千字文（一卷）唐 義淨 撰.
   - ③ 번호 2133b 梵語千字文（別本 一卷）唐 義淨 撰.
   - ④ 번호 2134 唐梵文字（一卷）唐 全眞 集.
   - ⑤ 번호 2135 梵語雜名（一卷）唐 禮言 集.
   - ⑥ 번호 2136 唐梵兩語雙對集（一卷）唐 僧怛多蘖多, 波羅瞿那彌捨沙 集.

3. 梵和大辭典 荻原雲來 編纂 講談社.
4. 梵漢大辭典（上,下）林光明, 林怡馨 編譯 嘉豐出版社.
5. 新編 密敎大辭典（三卷）林光明, 林怡馨, 林怡廷 編著 嘉豐出版社.
6. 梵字大鑑 種智院大學密敎學會編 名著普及會刊行.
7. 梵漢對譯 佛敎辭典（飜譯名義大集）荻原雲來 著 丙午出版社.

8. 陀羅尼字典 圓山達音 編纂.
9. 中華大藏經 72冊 번호 1669 天竺字源 (7권) 宋 惟淨.
10. 種子集 澄禪 著.
11. 眞言集 望月寺本(上,下).
12. 貝葉經 東京國立博物館.
13. 貝葉經譯經記 淨嚴筆 東京國立博物館.
14. 梵本心經 釋邦敎 校訂.
15. 佛敎 難字字典 竹林居士 編著 常春樹書坊.
16. 大日本佛敎全書 第 30 悉曇撰書目錄 (一卷) 高楠順次郞 撰.
17. 悉曇梵字 般若心經 法憲스님 학자원.
18. 實用大玉篇 張三植 編 교학사.

중요 참고 인터넷 사이트.

1. 大正新修大藏經 사이트 https://21dzk.l.u-tokyo.ac.jp/SAT/
2. 悉曇學會 http://www.siddham.org/
3. 佛學數位圖書館 http://buddhism.lib.ntu.edu.tw/
4. Digital Dictionary of Buddhism http://www.buddhism-dict.net/
5. 新华字典 https://zidian.911cha.com/
6. 嘉豐出版社 https://www.mantra.com.tw/

출간예정 도서안내

실담학悉曇學 학술총서學術叢書!

02. 범어천자문(梵語千字文)과 범당소식(梵唐消息) 주석(註釋).

※ No. 2133B 梵語千字文을 저본으로 No. 2133A 梵語千字文 대조.
※ 唐梵文字, 梵語雜名, 唐梵兩語雙對集 대조.
※ 梵和大辭典, 梵漢大辭典를 참조 하여 사전에 없는 실담자 표기.
※ 東國正韻 대조, 특별하게 실담어발음 한자까지 대조.
※ 訓蒙字會, 新增類合, 字類註釋, 全韻玉篇 대조.
※ 참고문헌의 페이지 수록하여 독자들의 학문향상 도모.
※ 원전 그대로의 표기법에 최대한 주력-실담자, 한글고어, 실담자 알파벳표기 국제 표준 준수.

03. 당범문자(唐梵文字) 주석(註釋).

04. 범어잡명(梵語雜名) 주석(註釋).

05. 당범량어쌍대집(唐梵兩語雙對集) 주석(註釋)

06. 梵漢對譯 佛敎辭典 (飜譯名義大集)-실담범자(悉曇梵字) 표기작업.

저자 소개 고오석 高午錫

전남 담양 출생.

광주대 문헌정보 전공

종합실담학개론(2020년)

(2021년 세종우수학술도서 선정)

범어천자문과 범당소식 주석(2020년)

신 천축문자자모보(2024년)

YouTube채널 : 실담학고오석

실담학 학술총서 1

종합 실담학 개론

2020년 5월 25일 초판 1쇄 발행
2024년 10월 5일 초판 2쇄 발행

지은이 : 고오석
펴낸이 : 김병환
펴낸곳 : 학자원
주 소 : 서울시 강동구 천호대로 1121
전 화 : 02) 6403-1000
팩 스 : 02) 6338-1001
E-mail : hakjaone@daum.net
등 록 : 2011년 3월 24일 제2011-14호

HAKJAONE Publishing Co.
1121 Cheonho-Daero Kangdong-Gu Seoul

ISBN 979-11-6247-182-1 94790
979-11-6247-181-4 (세트)

값 30,000원

𑖫𑖿𑖨𑖱 śrī 吉祥

최성희 崔聖喜 作

śrī 吉祥

최성희 崔聖喜 作